金融危機簡史

十場災難、七種模型，
一次看懂金融如何崩壞

韋維 著

（當AI炒股、虛幣崩跌、央行難測，金融危機早已悄然成形）
理解歷史脈絡與結構性風險，才能在風暴中站穩腳步

目錄

第一章　金融危機的邏輯結構：
　　　　從錯誤行為到制度脆弱⋯⋯⋯⋯⋯⋯⋯⋯ 005

第二章　鬱金香與南海：
　　　　最早的兩場泡沫與金融幻想⋯⋯⋯⋯⋯⋯ 029

第三章　鐵路與金本位：
　　　　1873 年的第一次全球信貸危機⋯⋯⋯⋯⋯ 051

第四章　一戰後的德國威瑪共和國：
　　　　舊馬克之亂與惡性通膨⋯⋯⋯⋯⋯⋯⋯⋯ 071

第五章　股災與蕭條：
　　　　1929 年與大蕭條的總體經濟瓦解⋯⋯⋯⋯ 091

第六章　戰爭與貨幣的雙重危機：
　　　　中國法幣危機與臺灣舊臺幣通膨⋯⋯⋯⋯ 111

第七章　石油與貨幣：
　　　　1973 年石油危機的金融後果⋯⋯⋯⋯⋯⋯ 129

目錄

第八章　黑色星期一：
　　　　1987 年程式交易與演算法恐慌 ················ 147

第九章　新興市場危機：
　　　　1994 墨西哥與 1997 亞洲的貨幣戰 ············ 165

第十章　網路泡沫：
　　　　2000 年網路時代的第一場幻滅 ················ 183

第十一章　信用泡沫與雷曼：
　　　　　2008 年次貸風暴全解構 ·················· 207

第十二章　危機治理進化史：
　　　　　央行、IMF 與監理工具的進化 ············· 231

第一章
金融危機的邏輯結構：
從錯誤行為到制度脆弱

第一章　金融危機的邏輯結構：從錯誤行為到制度脆弱

第一節　危機不是意外：從歷史看見規律

歷史重演的節奏

金融危機看似突如其來，實則有其內在節奏。從 1637 年的鬱金香狂熱、1720 年的南海泡沫，到 2008 年的次貸風暴，縱貫四百年，每一次大規模崩潰都在提醒世人：當金融市場的漲勢脫離實體經濟的支撐、投機情緒凌駕於理性評價之上時，崩盤並非「如果」而是「何時」。學者曼德博（Mandelbrot, 2004）以複雜系統視角指出，價格波動分布呈現「肥尾」特徵，極端事件並不罕見，而是必然出現在長期演化的序列中。這種「肥尾現象」說明市場內部的反饋機制在高槓桿環境下容易被放大。實務面亦然：1997 年亞洲金融風暴後，國際層面由 IMF ／世銀在 1999 年啟動 FSAP（金融部門評估計畫）做全球性健檢；而真正的區域安全網則是 ASEAN ＋ 3 的清邁倡議（2000）→ CMIM（2010）與 AMRO（2011）負責監測與支援。掌握這套節奏，才能在泡沫吹大時保持警覺，於恐慌蔓延前提早調整。

錯誤行為與群體心理

若將每一次危機視為理性投資失敗的結果，則忽略了人性在市場中的核心地位。行為經濟學家康納曼（Kahneman, 2011）指出，投資人常陷入「損失厭惡」與「過度自信」雙重偏誤，一

第一節　危機不是意外：從歷史看見規律

旦價格上揚，群體既害怕錯過（FOMO），又相信自己能在高點脫身，導致追高行為層層疊加。媒體與社群平臺在資訊驅動下進一步強化「從眾」效應，使投資決策更具羊群特質。以2021年的GameStop軋空事件為例，散戶透過Reddit論壇集結，短時間推升股價逾15倍；然而背後並非基本面改善，而是群體信念與避險基金的槓桿回補交互作用。當情緒占據主導，風險評價模型失效，價格向上偏離真值的速度往往快於監管介入的速度。這種由錯誤行為驅動的非理性泡沫，在歷史上屢見不鮮；真正的差異只在於資訊傳遞管道與融資工具的更新。對臺灣投資人而言，理解心理偏誤與社群動能的重要性，遠勝於單純追蹤技術指標，因為價格訊號已被情緒噪音扭曲，需要更高層次的誤差修正機制。

制度脆弱性的累積

金融體系的安全網由三層構成：監管規範、風險資本與信任機制。當前全球低利率與高流動性的環境，削弱了銀行獲利結構，也鼓勵資金流向高收益、高槓桿的影子銀行體系。制度層面的脆弱性多源於監管「時差」──創新速度快於立法速度。例如：2000年代的次級房貸產品（CDO、CDS）在監管真空中快速擴張，形成「資產轉手─評級增信─槓桿套疊」的脆弱鏈條；一旦房價下跌、流動性耗盡，鏈條瞬間斷裂，引爆系統性風險。臺灣金融市場雖在巴塞爾III架構下提升資本適足率，但

第一章　金融危機的邏輯結構：從錯誤行為到制度脆弱

面對跨境金融科技平臺、去中心化金融（DeFi）等新興業務，同樣存在規範空窗。制度韌性的關鍵，不在於全面禁止創新，而在於即時回饋：透過沙盒機制與動態監理，把風險權重與資本要求調整納入早期警示體系，才不致在風險累積到臨界點時手足無措。

現代警示：2020 年代的案例

疫情與地緣衝突為本世代揭示了新形態危機。2020 年 3 月，美股十天內四度熔斷，顯示演算法交易在閃崩時缺乏流動性提供者；2022 年 Terra/Luna 穩定幣坍塌，市值蒸發逾四百億美元，證明加密市場亦難逃傳統金融的脆弱循環；2023 年矽谷銀行（SVB）因久期錯配與存戶集體擠兌而倒閉，更突顯線上提款與社群資訊加速恐慌蔓延的威力。這些事件並非黑天鵝，而是長期脆弱性在極端條件下的必然結果：利率快速反轉、久期風險放大；去中心化協議缺乏足額抵押；演算法被動賣盤疊加人性恐慌。臺灣企業與投資人在面對全球供應鏈重組、利率正常化時，更需檢視資產負債久期、融資結構及對外曝險，以免重蹈遠端提款速度快於調度流動性的覆轍。

從規律到預防：臺灣與全球行動

歷史規律告訴我們，危機成因雖多元，但路徑大同小異。對臺灣而言，預防機制可從三面向著手：第一，強化金融教育，

將行為偏誤與風險意識納入國高中理財課程，培養「崩盤也能思考」的投資公民；第二，落實逆週期資本緩衝，針對高成長、高槓桿部位（如不動產貸款、外部募資平臺）動態調整風險權重，避免資金集中催生泡沫；第三，建置跨部門快訊回應系統，整合央行、金管會與交易所的即時數據，在流動性急凍時提供有條件的市場支持，以降低連鎖性斷鏈。全球面向則需加速「後巴塞爾Ⅲ」討論，將氣候變遷及網路攻擊納入壓力測試，並善用大數據監理科技（RegTech），即時偵測系統性風險熱點。當前金融生態已由線下轉向線上，危機傳播速度倍增，唯有把歷史規律轉化為實時監控與行為矯正工具，才能在下一次泡沫膨脹前，於制度與心理兩方面同步減壓，讓危機真正從「必然」趨向「可控」。

第二節　貨幣與信任：崩潰的第一顆骨牌

貨幣的本質不是金屬，而是信任

從遠古以來，金屬貨幣之所以存在價值，不在於它本身的光澤或重量，而在於社會對它的「認同」。經濟學者約翰·梅納德·凱因斯（John Maynard Keynes）指出，貨幣的價值建立在政府信用與人民共識之上，無論是黃金、鈔票還是電子帳戶，只要人們願意接受它作為交換媒介，它就是「貨幣」。然而，當信任動搖，貨幣價值便如骨牌般迅速崩解。

第一章　金融危機的邏輯結構：從錯誤行為到制度脆弱

1923 年德國威瑪共和國因戰爭賠款過重而大印鈔票,導致舊馬克迅速貶值,一個家庭買一條麵包可能需用整袋鈔票。當人們發現貨幣再也無法儲值,便改以物資交易或購買外幣抗通膨,市場失序、社會動盪。這段歷史正揭示:貨幣制度的根基並非硬體制度,而是人民對其未來穩定的預期。

舊臺幣時代的信任崩解

信任與貨幣之間的連結,臺灣人曾有過刻骨銘心的經驗。1945 年抗戰勝利後,國民政府在臺灣推行臺幣(俗稱舊臺幣)制度,逐步取代日治時期的臺灣銀行券(臺灣圓),但隨即陷入通貨膨脹深淵。由於政府透過臺灣銀行擴大發行臺幣以填補財政赤字,未建立充分準備與有效回收機制,1946～1949 年間物價急遽上漲、進入惡性通膨,最終在 1949 年以 40000:1 以新臺幣取代舊臺幣。

據央行(貨幣館)史料,民間對舊臺幣信任迅速崩潰,轉而囤積實體資產與美元,甚至以肥皂、米糧等物資作為交易工具。這種「貨幣替代行為」也發生在拉丁美洲與非洲部分國家,當地人民習慣以美元為交易媒介,正是對本國貨幣信任破產的表現。

當央行失去貨幣公信力

貨幣發行的正當性來自中央銀行維持通膨穩定與幣值可信。當央行未能有效抑制通膨、或其政策工具遭遇政治干預,市場

即會對其能力產生懷疑。阿根廷在 1991～2001 年採可兌換制（貨幣局式 1：1 鉤錨美元），在外部失衡與資本外逃下外匯存底急速下滑，2001 年先後祭出提款限制（corralito）等管制，最終放棄匯率制度並違約。

近年來土耳其、黎巴嫩亦出現類似情況。2021 年土耳其總統強硬要求央行降息對抗通膨，反致貨幣貶值加劇，民眾信心破產、資金外逃。這再次提醒，貨幣的可信度不是政策宣示出來的，而是人民每日生活實感的累積。若民眾發現所持貨幣無法購買同樣的商品量，即便央行報告再美麗，也無法扭轉信任的崩塌。

加密貨幣與「去信任」的迷思

加密貨幣發展初期主打「去中心化、去信任」，如比特幣由演算法保證稀缺、無須信任單一機構。但實際上，加密資產的價格波動極大，仍需使用者「信任」其能在未來兌換成實體價值。2022 年 Luna 與 Terra 穩定幣系統崩潰，市值蒸發上百億美元，證明即便是區塊鏈架構，也無法跳脫信任機制的根本邏輯。尤其當背後缺乏真實抵押與流動性支持，崩盤只需一夜。

因此，貨幣的本質無論經過何種科技包裝，始終繫於「信任」二字。不論是數位臺幣、央行數位貨幣（CBDC）或現金，其最核心的價值，在於人們是否願意持有與使用它作為計價與交易媒介。這也正是為何現代央行需同時維持政策透明、訊息一致與價格穩定——因為它們代表了信任的三大基石。

第一章　金融危機的邏輯結構：從錯誤行為到制度脆弱

崩潰從信任開始

當我們談論金融危機的根源，不可忽視的是貨幣體系的信任崩解。從威瑪共和國的惡性通膨，到舊臺幣的快速貶值，歷史一次又一次提醒我們：制度可以崩壞，市場可以調整，但若貨幣失去人民信任，整個經濟就失去了運作的核心動能。

第三節　槓桿經濟的擴張與泡沫循環

槓桿的誘惑與增幅效應

槓桿，原為物理學中的槓桿原理，藉助一點力量撬動更大物體；套用於經濟與金融中，則代表以小博大的資本運作。從企業融資到個人房貸，從國債發行到金融商品，幾乎所有現代金融行為都與槓桿密不可分。問題在於：槓桿既是增幅的工具，也可能成為毀滅的起點。

在資產價格持續上漲時，槓桿能成倍擴大收益；但一旦價格下跌，損失也被放大，若信用環節脆弱，將引發斷頭式連鎖反應。以 2008 年金融海嘯為例，美國房貸證券（MBS）大量被重組為結構型債券（如 CDO），再疊加保險工具（CDS），槓桿層層相乘，最終造成一場信用的崩解。

第三節　槓桿經濟的擴張與泡沫循環

泡沫循環的五階段模型

經濟學家查爾斯・金德伯格（Kindleberger）曾以歷史視角分析泡沫生成過程，他認為泡沫週期常呈現五個階段：Displacement（位移／誘因）→ Boom（擴張）→ Euphoria（狂熱）→ Profit-taking / Distress（獲利了結／轉折）→ Panic / Revulsion（恐慌／厭惡）。以 2021 年的加密貨幣牛市為例，零利率與資金氾濫是催化劑，社群瘋傳與 FOMO 心理成為投機引擎，價格脫離基本面而不自知。

一旦有重大清算事件或利空新聞出現，價格迅速回跌，觸發止損與融資強平機制，引發系統性賣壓。該輪加密泡沫在 2022 年 Luna 與 FTX 崩盤後瓦解，不僅重創散戶資產，更引發監理機構重啟對虛擬資產槓桿控管的討論。

臺灣的房市與企業槓桿迷思

在臺灣，家庭負債比率長期偏高，特別是不動產市場對槓桿的依賴度極高。根據內政部營建署住宅負擔統計，2022 年全臺平均房貸負擔率已超過 35%，雙北更突破 50%，意即月收入一半用來繳房貸。這種槓桿結構在利率上升時將迅速轉化為壓力來源。

企業層面亦然。不少中小企業透過應收帳款融資、動產擔保或聯貸案持續進行週轉，一旦現金流出現斷層或銷貨不如預

期,將導致槓桿斷裂。近年多起財報不實或違約事件顯示,當融資結構過度依賴短期資金且資訊不透明時,信用收縮將迅速擴散。

金融創新與隱形槓桿的風險

近十年來,金融科技與創新工具使槓桿手段更加隱蔽。從合成 ETF、反向槓桿基金、期權搭配自動交易機制,到 P2P 借貸平臺設計的多重融資結構,這些創新商品讓投資人誤以為風險被分散,實則只是將爆點延後並分層堆疊。

2018 年美國的 VIX 反向基金(XIV)在一日內崩跌 90%,成為金融商品槓桿結構失衡的經典教材。當風險模型過度依賴過去的穩定性,卻忽略新型態的價格劇烈變動時,槓桿成為壓垮市場的最後一根稻草。

如何辨識槓桿泡沫:三個預警訊號

學術研究指出,槓桿引發的泡沫通常伴隨三種特徵:

(1)資產價格漲幅明顯超過基本面成長率(如獲利、租金、GDP)。

(2)信貸成長速度快於 M2 或 GDP 增速,顯示資金未流入實體經濟。

(3)資產集中度提高,例如少數公司或地區撐起整體市值。

當這三項同時出現,且監理單位反應遲緩或輿論仍持樂觀時,泡沫已步入中後期。臺灣投資人應留意:過去 10 年習慣了寬鬆與資產增值,但風險來臨時,反向的槓桿力量同樣強大。

泡沫不是罪,失控才是關鍵

金融市場無可避免存在泡沫,這是創新與風險共舞的結果。問題不在於槓桿本身,而在於它是否透明、是否建構在真實資產與合理預期上。面對槓桿的雙刃性質,政策制定者應強化逆週期資本調節與壓力測試,投資人則需建立「槓桿風險對稱觀」,寧願錯過一段瘋狂上漲,也不要被捲入崩盤的黑洞中。

第四節　虛擬資本與資產價格泡沫

當價格脫離價值:資產泡沫的生成邏輯

資產價格的上漲,若缺乏實質產出或現金流支持,最終將成為空中樓閣。虛擬資本即為此特徵的集中展現 —— 指的是以資本市場工具為主、並非直接創造實體商品的財富型態,例如股票、債券、加密貨幣、衍生性商品等。這些資產在流動性充沛與信心高漲時,價格往往能遠高於其內在價值。

以 1990 年代末的網路股泡沫為例,許多尚未獲利甚至尚未推出產品的新創公司,僅憑「未來想像」即能在公開市場募得鉅

第一章　金融危機的邏輯結構：從錯誤行為到制度脆弱

額資金，推升估值至天價。當時的 Pets.com、Webvan 等公司估值被推升至數十億美元規模，與其營收與現金流極不相稱，最終在市場修正中幾近歸零。這種價值與價格的脫節，正是泡沫循環的關鍵徵兆。

虛擬資本的加速機制：資金、情緒與科技

現代金融體系中，虛擬資本能迅速擴張，往往有三大推力：

- 超寬鬆貨幣政策與資金流動性氾濫；
- 投資人對新科技的過度信仰與 FOMO（fear of missing out）心理；
- 媒體與社群平臺的信息擴散效應。

2021 年 NFT 市場的爆發即是典型案例。眾多買家在毫無基礎的圖片與代幣上投入大量資金，價格數日翻數倍，最終又在短短半年內市值蒸發八成以上，證明虛擬資本雖具流動性，但不等於抗風險。

臺灣股市的投機循環：電子股與航運股為例

臺灣資本市場也非免疫。從 2020 年疫情期間的航運股暴漲，到 2021 年電子股本益比飆破合理範圍，許多散戶進場「追高」的背後，反映的是虛擬資本泡沫的在地化版本。2022 年下半年，市場修正來臨，航運股股價從高點下跌超過七成，眾多投資人

第四節　虛擬資本與資產價格泡沫

血本無歸。

這種現象亦出現在 ETF 領域。多檔槓桿型 ETF 在市場牛市中吸引大批年輕投資人，但一旦市場反轉，虧損速度快於一般股票，導致風險教育不足者承受巨大財務壓力。

泡沫與創新之間的灰色地帶

值得注意的是，並非所有泡沫都一無是處。許多重大科技革命的初始階段，都曾伴隨泡沫出現。19 世紀的鐵路、20 世紀的電力與網際網路，初期皆因投資過熱而價格膨脹，但隨後經歷淘汰與重組，留下真正有價值的技術與公司。

關鍵在於：市場是否能在泡沫破滅後保有資本轉換效率，將剩餘資源導向長期有價值的創新者。例如亞馬遜與 Google 就是從網路泡沫後崛起的倖存者，證明創新與泡沫可以並存，但前提是資本市場需具備篩選與淘汰機能。

如何看懂泡沫週期中的警訊

投資人若想避免成為泡沫破裂的犧牲者，需練就三種能力：

- 讀懂基本面與估值差距的變化趨勢；
- 追蹤大型資產管理機構的資金流動方向；
- 知道「太多人相信的東西」，最終反而是風險。

華倫‧巴菲特（Warren Buffett）曾說：「當潮水退去，就知

道誰沒穿褲子。」泡沫膨脹的過程，正是信任與情緒逐漸脫離現實的過程，唯有提早理解其中的非理性，才能避免成為最後一棒的接盤者。

虛擬資本不是假財富，但它更脆弱

虛擬資本是現代金融不可或缺的一環，能提升流動性與資本效率，但其風險也更為隱蔽與迅速。臺灣投資人面對加密資產、ETF、非本益比商品時，需學會區分「價格的現實性」與「價值的可持續性」。在資本繁華的幻象之下，最終能留下的，不是誰漲最多，而是誰活得最久。

第五節　底線思維與風險邊界的忽略

當底線被稀釋：風險從模糊開始

金融體系崩潰的前兆，往往不是明顯的暴雷事件，而是底線逐漸鬆動、風險界線日益模糊。所謂「底線思維」，是指在做任何財務決策時，預先設定無法退讓的風險容忍界限。當市場參與者不再堅守底線，而是任由情緒、貪婪或短期利益推動決策時，風險便在不知不覺中滲透整體系統。

從華爾街到臺北信義區，這種「風險稀釋」現象屢見不鮮。2021 年美股「迷因股」熱潮期間，許多年輕投資人未設停損、無

第五節　底線思維與風險邊界的忽略

資產配置意識,將全部資金投入單一高波動股票;在本地市場,也有許多散戶將退休金全數投入 ETF 槓桿產品,並錯將波動視為「機會」,卻忽略了「如果失手,還能活得下去嗎?」這一關鍵問題。

金融機構也會失守:系統風險的邊界錯判

不只個人,連金融機構也常犯相同錯誤。2007～2008 年間,許多美國投資銀行錯估房貸違約機率,並將風險過度集中於高評級債務。表面上看來,這些商品經過「證券化」與「保險化」後已被分散,實際上,風險只是被重新包裝與延後,而非真正解除。

更諷刺的是,許多內部風控報告早已警告「底線過低」,但礙於獲利壓力與高層決策,這些警訊被埋沒。這種從上到下的風險界線錯判,正是「制度性忽略」的最佳例證。底線不是寫在報告裡,而是需要組織文化與行為約束共同維持的機制。

臺灣企業與投資人的風險盲區

在臺灣,中小企業融資結構長期依賴短期票據與擔保貸款,一旦遇到流動性收縮,缺乏資本緩衝的企業即迅速倒閉。這是典型的「資金底線未設、防火牆不足」現象。2022 年某科技製造廠因原物料大漲而違約,追查後發現其風險評估完全未涵蓋匯率與供應鏈中斷的雙重風險。

第一章　金融危機的邏輯結構：從錯誤行為到制度脆弱

個人投資人方面，信用卡循環利息與房貸轉貸潮的興起，也讓家庭財務結構潛藏脆弱。根據金融穩定報告，2023年底臺灣家庭部門的借款總額已達GDP的90.3%，而每年還本與付息金額約占可支配所得的48.7%，幾乎月收入一半被用於償債，財務風險非常高。

如何建立個人與企業的底線設計

要有效避免風險邊界被侵蝕，需採取具體制度與行為介入：

1. 個人層面

建立「風險容忍區間表」，明確列出投資損失可承受範圍、生活費用底限與債務占比紅線。

2. 企業層面

導入風險儀表板（Risk Dashboard），即時呈現應收帳款占比、現金流可撐週數與各類市場曝險，並納入董事會決策流程。

3. 社會層面

強化金融教育，從高中起導入風險模擬遊戲與情境測驗，建立年輕世代的「底線意識」文化。

唯有底線可見、界線具體，風險才會被尊重。否則，每一次市場繁榮，背後藏的，永遠是一顆逐漸鬆動的定時炸彈。

底線不是恐懼，而是責任

底線思維並非悲觀預設，而是面對不確定性的自我防線。市場永遠無法完全預測，風險也無法完全消除，但當我們在每一筆決策中都保有「最低可承受代價」的設計，就能在泡沫破裂時存活、在市場修正時重建。真正的風險，不是價格波動，而是連承受波動的能力都沒有。

第六節　中央銀行的政策困局與利率工具失效

從工具箱到迷宮：央行的轉型困境

在過去數十年，中央銀行的貨幣政策主要仰賴一項核心工具——利率。透過升息可壓抑通膨，透過降息可刺激投資與消費，這被視為經濟治理的「方向盤」。然而，自2008年金融海嘯後，全球進入超低利率甚至負利率時代，央行的政策工具不再靈敏，逐步走入困局。

2020年新冠疫情期間，美國聯準會（Fed）快速降息至0%、並啟動無限量化寬鬆（QE），短期雖穩住市場信心，但也推升資產泡沫與收入不均。此後每一次升息嘗試，都面臨股市波動、債券市場崩跌、以及新興國家資本外流的連鎖效應。政策彈性已受限，央行陷入「升也傷、降也傷」的決策死角。

第一章　金融危機的邏輯結構：從錯誤行為到制度脆弱

利率傳導機制的失靈與扭曲

利率本該透過銀行貸款、消費貸款、企業融資等渠道傳導至實體經濟，但在金融化與資產化的現代經濟中，資金多數流向股票與房地產，未真正進入產業升級與中小企業。這使得「降息效果」遞減，而「升息風險」卻快速回饋市場。

在 2021～2022 年之間，臺灣央行即便有所調整利率，但房市價格仍只略為走緩，未出現明顯修正；反觀股市卻因全球升息、通膨與地緣風險劇增，出現逾 20% 的大幅回檔，讓市場波動加劇。我們可以推測此時貸款族的償債壓力明顯上升，形成「政策成本重、社會反應強烈」的惡性循環。從這點看來，利率工具不再具備絕對效力，而是在政治與市場所施壓下，淪為必須折衷的手段。

當量化寬鬆成為常態：結構性副作用

2008 年後，量化寬鬆（QE）成為多數已開發國家的主要政策。央行大量購債釋放流動性，本意是讓資金流向企業與消費者，但實際上大多集中於金融市場。這導致資產價格膨脹、富人持有的金融資產快速升值，貧富差距拉大，社會分化加劇。

此外，長期低利環境鼓勵企業透過發債、回購股票支撐股價，卻未投入實質生產與研發。最終，整體經濟效率未提升，金融市場卻高估自身安全性，一旦利率反轉、資金收緊，極易出現系統性斷裂。

第六節　中央銀行的政策困局與利率工具失效

CBDC 與新型工具的挑戰與迷思

在利率工具與 QE 逐漸失效的背景下，各國央行轉向數位貨幣（CBDC）與新型政策工具尋求突破。CBDC 可望直接對家庭與企業發放補貼，跳過銀行中介系統，實現更精準的貨幣政策。然而，其普及需面對隱私、技術、法規與金融排擠等問題。

例如：中國試行數位人民幣、美國仍處於研究階段，皆顯示未來貨幣政策將進入「工具轉型期」，但這不代表傳統政策就此消失，反而意味需更複雜的組合式調控。

臺灣央行的制度性瓶頸

臺灣央行為維持匯率穩定與輸入型通膨控制，常透過公開市場操作及選擇性信用管制，但其獨立性與透明度仍受外界質疑。利率調控受限於美國聯準會政策節奏，國內政策空間狹窄。2022 年新臺幣貶值壓力大增，央行雖升息四次仍難阻資金外流與物價上漲，反映政策兩難。

此外，臺灣金融業偏向保守，資金多流入不動產與保險商品，未能有效導向創新產業。這顯示出央行「政策有效性」與「政策目的」之間的落差，需透過結構改革與更開放資訊透明度來修補信任裂縫。

第一章　金融危機的邏輯結構：從錯誤行為到制度脆弱

中央銀行不是萬能英雄

在當前金融架構下，中央銀行不再是全能的調控者，而是受限於全球資金流動與制度壓力的「平衡術師」。利率工具與 QE 不再有效驅動成長，需倚賴更全面的財政協調、監管創新與跨部門資訊整合。對臺灣而言，重建金融治理信任，不僅是央行的責任，也是整體國家風險治理能力的試金石。

第七節　危機預兆辨識圖譜：從徵兆到觸發點

危機從未突然來臨，只是我們沒察覺

每一場金融風暴在爆發前，其實都有清晰可辨的預警徵兆。問題不在於訊號是否存在，而在於市場是否選擇「相信」它。前衍生品交易員與風險理論家納西姆・塔雷伯（Nassim Taleb）提出「黑天鵝理論」指出，重大事件往往被事後視為難以預測，但若細究歷史脈絡，幾乎每場危機都充滿蛛絲馬跡，只是人們不願承認而已。

從 2008 年雷曼兄弟倒閉前的 CDS 利差擴大，到 2023 年矽谷銀行（SVB）破產前存款流失與久期錯配跡象明顯，事後來看，這些都是系統壓力的預示。真正的困難在於：市場情緒與媒體敘事會壓制風險訊號，使人們誤以為「這次不一樣」。

第七節　危機預兆辨識圖譜：從徵兆到觸發點

五種常見的危機前兆指標

依據過往金融危機經驗，可歸納出五大高風險預兆類型：

（1）信貸過度擴張：M2 成長遠高於 GDP 增速，代表資金未進入實體經濟。

（2）資產價格非理性飆漲：房價、股價或比特幣等大幅超越歷史均線，與獲利基本面脫節。

（3）槓桿水位攀升：企業、政府與家庭總債務占 GDP 比率超過 90%，意味脆弱性升高。

（4）市場波動率過低：如 VIX 指數低迷，反映市場過度自信。

（5）資金集中單一商品或區域：投資趨勢高度一致，例如所有基金買進同一組 AI 科技股，造成反向風險放大。

這些指標若同時出現，應被視為高度風險時期。許多先進市場的中央銀行與主權基金已將上述因素納入「壓力測試模型」與「情境預演」中。

臺灣市場的脆弱信號：經驗對照

以 2022 年底為例，臺灣不動產市場出現「三低一高」警訊：低成交量、低首購比例、低現金自備比率，但房價指數仍持續上揚，加上總體家庭債務創新高，即為典型的危機前兆架構。若無法以選擇性信用管制與稅制調節加以干預，潛在風險將加速累積。

此外，2023 年本地 ETF 市場資金過度集中於少數高配息商品，形成所謂「單邊擠壓效應」，在景氣下行時可能產生大量拋售與流動性枯竭。這些現象都應被納入臺灣版「預警儀表板」之中。

預警制度的三層架構

理想的金融預警體系應具備以下三層：

（1）即時監測層：大數據監控資金流、成交量與波動率，預測系統性異常。

（2）機構通報層：金管會、央行與保險局之間建立資訊交換機制，針對高度相關曝險主體設立預警頻率。

（3）民間教育層：強化一般投資人風險教育，避免市場恐慌放大與「羊群拋售」。

目前歐盟、美國皆已建立跨部門系統性風險委員會（ESRB、FSOC 等），臺灣亦可借鏡建立「跨部會預警平臺」，以減緩訊息落差與政策延遲。

危機觸發的引信：從訊號到爆點

真正引爆金融危機的，往往不是最危險的事件，而是最後那一根火柴。以 2007 年為例，美國房市早已出現泡沫警訊，但真正引爆海嘯的是兩家避險基金違約與一家投資銀行的流動性

第七節　危機預兆辨識圖譜：從徵兆到觸發點

警報──這些事件迅速動搖信心,觸發機構自保性去槓桿與資金回收。

危機觸發機制通常為：小事件＋高槓桿＋恐慌心理＋流動性不足。例如矽谷銀行倒閉,就是「久期風險＋市場恐慌＋集體提款」共同作用的結果。

風險管理的首要原則是提前辨識

辨識危機預兆並非預言未來,而是降低未來損失的關鍵。透過觀察指標、建立制度與強化個人風險素養,我們雖無法消除危機,但能提升反應力與修復力。金融危機不可避免,但最致命的,往往是「沒有準備好」的那一刻。

第一章　金融危機的邏輯結構：從錯誤行為到制度脆弱

第二章
鬱金香與南海：
最早的兩場泡沫與金融幻想

第二章 鬱金香與南海：最早的兩場泡沫與金融幻想

第一節　荷蘭鬱金香狂熱的金融邏輯

資產泡沫的開端：一朵花如何擾亂市場

17世紀荷蘭，正值海上貿易與商業金融蓬勃發展，這個小國憑藉東印度公司與港口制度成為歐洲金融重鎮。在這段黃金年代裡，鬱金香這種花卉，因其稀有品種與獨特外觀，逐漸從植物演變成身分與財富的象徵。稀有品種如「Semper Augustus（永恆奧古斯都）」與「Viceroy／Viseroij（總督）」的球根價格飆升數十倍，不再只是園藝愛好者的收藏，而成為富人之間炫耀資產的媒介。隨著市場上對其未來價格持續看好，愈來愈多原本與花卉無關的資本與個人開始投資鬱金香球根，認為只要買進、等待、再轉手就能獲利。這樣的預期催化了泡沫的形成──價格不再反映實際需求或使用價值，而是集體對未來價格更高的期待。這正是經濟學中典型的「預期驅動投機泡沫」，人們買入不是為了使用，而是因為相信會有人出更高的價錢接手。

金融創新與價格脫序：
鬱金香期貨如何引爆槓桿效應

荷蘭的金融創新也是這場泡沫迅速膨脹的重要推手。當時，鬱金香買賣除現貨外，更多採用遠期（termijn）合約與所謂的「風交易」（windhandel），屬「期貨式」買賣，但多為非強制履

第一節　荷蘭鬱金香狂熱的金融邏輯

約安排；後來各地並允許以小額費用解約，因此不等同於現代意義的保證金期貨。投資人可在交割前轉讓合約，價格波動遂被放大，市場關注焦點也從球根本身轉向合約報價。中產階級與商人因此踴躍參與，部分甚至以借款進場；流動性雖提高，但風險亦快速在合約層面集中。當越多人參與、價格越高，就形成更強的投機誘因，市場內形成一種「晚買不如早買」的搶購心理，進一步推高價格，產生自我強化的正回饋迴路。

信心幻滅的瞬間：泡沫為何總在最熱時破裂

泡沫之所以難以預測崩盤時點，並非因為缺乏風險訊號，而是因為大多數人不願相信它會破裂。1637 年初，一筆大額鬱金香交易因買家違約未付款，引發市場疑慮，其他合約開始接連違約，信心逐漸動搖。當參與者發現買家開始退場、交易量急縮、價格無法持續上升時，拋售潮迅速出現。由於合約並未真正交割，價格並不受實體花卉存量限制，價格崩跌如自由落體，一些熱門品種的價格在數日內急速下挫、成交價大幅回落。社會影響迅速擴散，造成商業信用與名譽爭議，部分地方政府與法院被迫介入。1637 年 2 月後荷蘭各地就合約爭議協商，多數遠期約不具強制力，部分地區允許買方以約 3.5%～10% 費用解約。在這場狂熱終結後，許多參與者並未反省制度，而是將失敗歸咎於少數不守信用的投機者或「市場瘋子」。然而，正是整體制度、媒體敘事與集體心理共同構成了這場金融災難的核心結構。

第二章　鬱金香與南海：最早的兩場泡沫與金融幻想

當代投射：NFT、迷因股與現代鬱金香效應

雖然鬱金香泡沫發生於近四百年前，但其邏輯至今仍在各類資產市場反覆出現。2021 年 NFT 熱潮與美國迷因股現象，即為現代鬱金香效應的典型再現。許多 NFT 標的缺乏實體使用價值與現金流支持，卻能在短時間內價格翻倍，甚至因「社群共識」與「限量發行」而炒作。迷因股如 GameStop 則因 Reddit 群組串聯，股價從 10 美元暴漲至近 500 美元，背後並非公司基本面轉好，而是群體對反向操作與「對抗避險基金」的敘事投入。這些現象與 17 世紀的鬱金香如出一轍，都是將象徵物賦予過度金融價值，並在社會心理與媒體機制推波助瀾下失控擴張。臺灣市場中類似狀況亦可見於 ETF 熱炒與預售屋投機，當資產的價格不再由價值主導，而是由「期待他人出更高價」的信念驅動時，泡沫就已經開始。

教訓與啟示：理性與非理性的交界線

鬱金香泡沫留給我們的最大啟示，是價格與價值的分離不一定來自無知，有時正是由高度金融知識與制度創新所催化。換言之，越聰明的市場參與者，越能設計出合理包裝與正當敘事，使非理性行為披上理性的外衣。當我們面對新興資產類別、數位金融產品或極短期投機熱潮時，更需回到兩個核心判準：第一，這項資產能否產出穩定現金流？第二，這項資產是否具

備可驗證的內在價值？若答案是否定，則無論其價格如何上漲，都應提高警覺。鬱金香的故事並非警惕我們不要投資，而是提醒我們在市場狂熱中保持一條底線——不讓集體想像凌駕於風險意識之上。泡沫終將破裂，但學會辨識它、管理它，才是真正的金融素養起點。

第二節　群體非理性與需求失控的心理結構

當理性退場：人類行為與市場失控的交界線

經濟學長期假設人類是理性的經濟人，會根據資訊與效用最大化做出決策。然而，現實中市場行為時常違反這一假設，尤其在資產價格出現劇烈波動時，群體非理性的特徵更為明顯。17世紀荷蘭鬱金香泡沫即為案例，當人們發現一項資產價格不斷上漲時，往往會產生「若不立即參與就會錯失良機」的焦慮感，這種被稱為FOMO（fear of missing out）的心理會驅使更多人進場，形成類似於「搶購」的現象。心理學家古斯塔夫·勒龐（Gustave Le Bon）在其著作《烏合之眾》中指出，群體中的個體易受情緒影響而降低判斷能力，特別在資訊不對稱且情境高度情緒化時，理性思維更容易讓位於從眾與恐慌。這種機制不僅加劇市場波動，也會讓價格偏離基本面進而形成泡沫。

第二章　鬱金香與南海：最早的兩場泡沫與金融幻想

從眾效應與資訊瀑布：非理性決策的集體機制

當個人無法獨立驗證一項投資價值時，最常依賴的就是觀察他人行為。行為經濟學稱此為「從眾效應」與「資訊瀑布效應」。一旦幾位具有象徵地位的意見領袖或早期投資者表現出成功跡象，就會有更多人模仿其決策。這種行為連鎖會迅速形成市場一致性預期，而這種預期又反過來強化資產價格的上漲。例如NFT 與加密貨幣初期吸引大量 YouTuber 與社群 KOL 推薦，即使投資標的缺乏實質價值，仍引發大批散戶追隨。資訊瀑布的問題在於：即便中後期參與者心中存疑，只要前段多數人看好，仍會選擇跟進。因為在這個階段，風險不再是損失金錢，而是「錯過致富機會」的社會性壓力。這種認知偏誤會讓原本正常的市場理性退化成「誰跑得快誰贏」的零和競賽。

臺灣市場中的群體行為案例與資產過熱現象

在臺灣，類似的非理性行為可從房地產與 ETF 市場觀察得知。2020～2022 年間，受疫情與低利率環境影響，市場資金湧向預售屋與高配息 ETF。大量投資人根據網路討論與媒體推薦進場，形成所謂「全民買 ETF」或「排隊搶建案」的現象。儘管部分商品本質上具備長期價值，但在過度集中買盤與槓桿化操作下，短期內形成了泡沫性價差。2023 年下半年，隨著升息與外資退場，部分高配息 ETF 淨值出現下修，導致許多未設停損的投資人蒙受損失。這顯示群體非理性不只發生在歷史事件，

也存在於當代日常投資決策中。當多數人不再評估個別資產價值，只關注「市場熱度」與「入場節奏」，便是需求失控的開端。

情緒傳染與媒體助攻：泡沫中的資訊加速器

現代社會中，資訊的傳播速度遠比過去快上百倍。社群媒體、即時新聞與影音平臺已成為群體情緒傳染的催化劑。當某項資產在網路平臺上被塑造成「不買會後悔」、「錯過會終身懊悔」的商品時，群體對價格與風險的認知便開始扭曲。以 2021 年 Dogecoin（狗狗幣）為例，其原為網路玩笑而創建的加密貨幣，卻在馬斯克推文與社群炒作下，2021 年 5 月高峰期市值約 880～900 億美元。這種情緒驅動型投資不但與基本面脫節，也讓參與者對價格修正毫無心理準備。根據心理學研究，人在集體中更容易接受風險行為，因為責任可被稀釋，失敗時可將責任推給「市場」、「群體」或「名人推薦」。在這樣的結構下，投資決策不再是個體選擇，而是一場高度社會化的劇場。

群體非理性不可避免，但可學習應對

金融市場的非理性行為不是偶發事件，而是由人性與社會結構交互作用下自然產生的現象。我們無法根絕泡沫，但可以學會辨識其形成過程與心理動因。投資人應建立「反身觀察」能力，也就是在進場前先自問：「我是在做分析，還是只是跟風？」制度設計上，也應加強資訊揭露與投資教育，讓群體在獲得熱度

之前先思考風險。鬱金香事件並未因科技落後而產生，而是因群體行為與心理預期發展出失控動能。每當市場過度一致、情緒一致、訊息來源單一時，就是非理性擴張的訊號。唯有在認清人性弱點之上建立風險意識，才能在下一次群體瘋狂來臨時，保有冷靜的退場能力。

第三節　南海公司：特許壟斷下的詐騙經濟

一場由政府背書的泡沫：南海公司誕生的背景

18 世紀初，英國因連年戰爭累積巨額國債。1711 年議會成立南海公司，其核心任務是承接並重組部分國債，透過以公司股票／年金交換投資人持有的公債（debt-for-equity / annuity swap），實質重心在財務工程而非貿易。1713 年《烏特列支條約》後，公司才取得前往西班牙美洲的 asiento（奴隸貿易契約）與每年一艘（navío de permiso）一般貨船的許可，航線主要是西班牙美洲的加勒比與大西洋港口；且相關貿易利潤有限。由於與國債重組綁定並帶有官方背書，公司股票遂一度被視為英國財政前景的代理賭注。

這類「國家授權民間壟斷企業」的運作模式，極易成為合法詐騙平臺。由於喬治一世於 1718 年出任公司 Governor（總裁／總督），王室與政要持股提高了市場信心，加上當時金融知識普

第三節　南海公司：特許壟斷下的詐騙經濟

及不足，南海公司的股票迅速成為市場熱點，價格一度從每股 128 英鎊飆升至 1,050 英鎊。參與者涵蓋貴族、議員與平民，從醫生到鞋匠，無不傾其所有投入這場「全民致富」計畫，集體陷入未來獲利的幻覺中。

權力與利益的交錯：從制度設計看風險建構

南海泡沫並非單一公司炒作，而是一場精心編排的金融戲碼。英國國會與公司高層關係密切，許多議員同時持有公司股份，並在審議中促進有利法案通過，導致制度性利益衝突。財政大臣約翰‧艾斯拉比（John Aislabie）更涉嫌接受賄賂，協助提高公司授信上限，使南海公司得以再度增資擴張。此時的股票交易並非基於公司營運表現，而是政策、人脈與輿論的複合結果。

南海公司除了利用政治影響力擴大資本，也大量散播未來貿易利潤的誇大敘事，甚至號稱將掌控整個西半球的奴隸市場與金礦交易，這些「預期性利多」成為股價上漲的催化劑。然而這些資訊多半未經驗證，市場卻普遍視為真實。當資產價格依賴幻想而非事實，泡沫就已形成，只待引爆。

信心轉折與市場雪崩：泡沫破裂的機制

1720 年夏季，公司股價已達非理性高點，部分內部高層與早期股東悄悄出場，引發市場質疑。再加上媒體開始報導貿易

第二章　鬱金香與南海：最早的兩場泡沫與金融幻想

實績不符預期，以及部分銀行限制股票抵押放款，引發投資人恐慌。股票價格隨即雪崩，在短短數週內回跌至原價以下，無數投資人血本無歸。

泡沫破裂後，英國金融系統遭受重大衝擊，並引發國會調查。數名政府高層被迫下臺，南海公司高層遭查封財產，甚至有貴族自殺謝罪。然而對整體社會而言，信任的崩毀比金錢損失更嚴重。人民開始質疑政府與市場的誠信基礎，市場參與度驟降，英國資本市場數年間陷入低迷。

臺灣與當代投射：特許經濟與政策聯動風險

南海事件的制度邏輯，與現代「政策配合型企業」或「政府關係導向資本」高度類似。臺灣歷來亦曾出現類似風險，如民營企業獲得重大公共工程或綠能補貼資格後，股價快速炒作，吸引散戶追高，卻在實績不如預期或政治風向改變時急跌。尤其當企業營運仰賴政策協助而非市場競爭力時，投資人容易將政府信任誤當為企業信用，形成高風險錯配。

2022 年某家半導體設備商因獲政府關鍵技術補助而市值暴漲，後續卻因技術未成熟遭國際供應鏈排擠，股價在半年內下跌超過七成。這類案例提醒我們：特許不是保證，政策支持亦非風險屏障。當市場忽略風險本質，只看「誰站在背後」，其實已陷入另一種南海幻想。

制度不透明是泡沫之母

南海公司事件顯示，當制度、權力與市場過度交錯，市場將失去風險評價功能，進而依附於政治敘事與集體信仰。這類泡沫不是源自詐騙，而是來自制度設計使詐騙得以合法化與正常化。投資者若無法辨識這種「包裝過的風險」，最終將淪為制度安排下的犧牲者。每當政府強調「全民參與」、「未來無限潛力」、「政策護航」，投資人更應冷靜檢視其產業結構、實際利潤與可替代性，否則看似安全的投資，可能正是下一場泡沫的起點。

第四節　權力結構與監管真空的代價

制度空窗期與權力過度集中：泡沫孳生的制度環境

南海事件之所以能演化為金融史上最著名的泡沫之一，不僅在於企業誇大敘事與市場投機，更深層的原因在於監管制度的缺位與權力結構的扭曲。在18世紀初，英國金融體系尚未建立完整的證券市場監督機制，沒有獨立機構審查上市公司的資訊揭露，也缺乏針對利益衝突與內線交易的規範。國會議員與公司董事互為人脈網絡，利益流動未經稽核，形成制度性灰區。政府本身既是政策制定者又是南海公司的最大背書者，角色衝突導致市場無法建立公平、公正的交易環境。

第二章　鬱金香與南海：最早的兩場泡沫與金融幻想

當政府成為泡沫助燃器：政治與金融的共謀結構

監管機制的缺位本應由媒體與民間輿論制衡，但在南海事件中，主流新聞與文宣皆被資金與政治力量影響。南海公司贊助當時多數報刊，發布「潛力無窮」與「貿易新世界」等誇大標題，將股價上漲描述為國力象徵。政府官員公開稱讚南海公司是「解決英國國債的終極手段」，進一步鞏固群眾信心。在這樣的環境下，質疑聲音被邊緣化，政策與投資被綁成命運共同體。

這種政治與金融共謀的結構在當代也屢見不鮮。當政策制定者與市場推手共享資訊與利益、又缺乏外部審核時，金融商品將變成政策工具，而非價值交換媒介。2020 年疫情期間，多國政府紓困資金流向大型企業或特定產業，引發市場對「不公平救市」的質疑，正說明監管設計若失衡，會讓風險集中於權力中心。

臺灣案例觀察：財金制度中的灰色邊界

臺灣在推動能源轉型與 5G 政策過程中，也出現類似「監管真空」的情境。2021 年某綠能企業因取得重大標案與政策補助，股價從 20 元漲至 150 元，媒體大量報導其為「國家隊尖兵」，吸引散戶與法人投入。然而後續發現該公司實質發電效率遠低預期，資金使用未受充分監督，財報資訊亦有多次更正紀錄，最終在 2022 年大幅下修估值，造成投資人損失。

第四節　權力結構與監管真空的代價

這類情況顯示，若政府在政策推動過程中未同步建立第三方審核與資訊揭露機制，即便原意良善，也可能變成投資泡沫的幫凶。尤其當市場參與者將「政府支持」視為「風險保證」時，制度空窗即成為價格扭曲的催化劑。當「國家隊」、「政策股」、「護國神山」等語彙成為投資信仰，背後反映的正是制度性監督的相對缺席。

從國際經驗看監理失能的後果與轉機

全球多次金融危機後，各國開始強化監管機制。例如美國在 2008 年金融危機後推動《陶德—法蘭克法案》，賦予消費者金融保護局（CFPB）與金融穩定監督委員會更大權限。歐盟亦設立系統性風險委員會，專責監督跨境金融機構風險。

臺灣亦可比照導入「政策資本透明揭露規範」，要求所有獲政府補助、標案支持之企業，必須每季揭露資金用途與績效評估；同時，金管會應提升監理科技應用，例如 AI 預警模型與即時違規偵測系統，強化對市場炒作與操縱行為的查核能力。唯有讓資訊重新回到市場機制，價格才可能重回反映真實價值的軌道。

風險不是來自市場，而是制度讓它變得不可控

泡沫的本質不是價格上漲，而是制度讓價格與風險脫鉤。南海事件說明了當權力無監督、資訊不對稱、政策與市場關係模糊時，即使是全國上下都「看好」的計畫，也可能成為金融

第二章　鬱金香與南海：最早的兩場泡沫與金融幻想

災難的起點。在當代資本市場愈來愈依賴政策引導與政府扶持的情況下，投資人與監管者更應警覺：我們需要的不是更多承諾，而是更強的制度鋪墊與透明公開。只有當制度先行、監管到位，市場才能避免在泡沫與幻覺之間反覆輪迴。

第五節　金融史上早期的「系統性風險」之一

從個別事件到整體衝擊：何謂系統性風險？

南海公司事件之所以成為歷史轉捩點，不僅在於股價崩盤與投資人損失，更在於它與同年法國的密西西比公司泡沫一道，呈現了早期跨市場傳染的「全球性／系統性」風險樣貌。傳統風險認知多聚焦於個別企業或資產價格的波動，但系統性風險則是指：一個市場事件可能因結構連動而擴大至整體金融體系，甚至引發經濟與社會秩序的崩潰。1720 年南海泡沫破裂後，英國不僅出現信貸緊縮、商業信心崩潰與財政收縮，更動搖了整體國家治理的正當性，使政策制定者更清楚地意識到金融市場的不穩定性具有擴散性與傳染性。這種風險不再局限於帳面虧損，而是牽動銀行體系、債券市場、國家信用與貨幣流通的連鎖效應，為後世金融監理理論埋下根基。

第五節　金融史上早期的「系統性風險」之一

▎結構連結與信任崩毀：風險的放大機制

南海事件中，風險之所以快速蔓延，是因當時市場高度集中與結構性脆弱所致。許多貴族與議會成員同時持有南海股票，並以股票作為擔保向銀行取得信貸，形成資本市場與金融體系之間的高風險連結。一旦股價下跌，不僅投資人損失，銀行資產也同步貶值，迫使金融機構縮手，導致信貸收縮。更重要的是，當南海公司失去信任時，投資人並不僅退出該公司，而是全面撤離所有類似風險資產，產生「信任流感」現象——市場由單點風險轉為全面性資金撤退，這就是系統性風險的核心特徵。英國央行當時尚未有現代存款保險與流動性支援機制，使得市場無法設置緩衝防線，只能任由崩潰擴大。

▎當代對照：雷曼兄弟與 SVB 的現代重演

系統性風險從未遠離現代市場。2008 年美國雷曼兄弟破產便是南海泡沫的當代對照。當時雷曼為全美第四大投資銀行，其倒閉引發全球金融機構間的資金凍結與互不信任，直接導致貨幣市場基金擠兌與跨境融資機制癱瘓。更近期的 2023 年矽谷銀行（SVB）危機，雖規模不及雷曼，卻因其科技新創企業客群集中、資產久期錯配，短時間內爆發大規模提款潮，導致信任瞬間蒸發。這些案例說明，系統性風險從未消失，只是形式隨著金融結構演變。關鍵在於市場結構是否具備緩衝機制與多元參與者，否則一旦單點風險突破臨界值，整體系統便會連鎖下墜。

第二章　鬱金香與南海：最早的兩場泡沫與金融幻想

臺灣觀點：中小金融機構與 ETF 集中風險

在臺灣，系統性風險雖未大規模爆發，但潛在風險結構早已存在。例如中小型金控與壽險公司多集中於少數不動產與高配息 ETF 資產，一旦市場修正，資產價值同步下跌，會對保戶利益與保本商品形成挑戰。此外，臺灣散戶投資人集中買進特定 ETF 或個股，如半導體產業鏈股票，當外部市場或政策利空來襲時，整體市場可能出現單一產業導致的流動性風險。再者，臺灣的債市與資本市場相對薄弱，欠缺可替代金融工具，風險難以被有效分散。若遇大型保險業者出現資本不足，將引發信任擠兌與市場反應過度的循環，這正是系統性風險潛伏的縮影。

早期系統風暴帶來的啟示

南海公司事件不僅是泡沫破裂，更讓後世理解到，金融市場並非單純價值交換空間，而是多層次信任網絡，一旦某處斷裂，整體穩定性將遭到挑戰。系統性風險不能僅靠單一指標觀察，而需從整體結構脆弱性、資本集中度、資訊透明性與監管能量進行預警。對現代臺灣而言，這意味著不應只重視個別公司經營績效，更要觀察整體金融系統的壓力傳導機制與調節彈性。系統風險無聲無息，但一旦成形，往往來勢洶洶，唯有建立結構韌性與制度預警，才能避免歷史重演。

第六節　金融幻想如何成為國家風險

信用過度延伸：從市場泡沫到主權信用危機

南海公司的興衰證明了金融市場若無制度限制與風險自覺，其集體幻想最終將轉化為國家層級的信用危機。1720 年南海泡沫破滅後，英國不僅面臨數十萬投資人損失與市場癱瘓，政府信用亦受到巨大衝擊。由於該公司與國債轉換政策綁定，投資人原先誤以為購買南海股票即等同於參與國家債務重組與收益分配，政府無形中為南海股票背書。當泡沫破裂，輿論隨即將矛頭指向政策設計與政府責任，國家面臨空前信任赤字。這類情況不僅是企業失敗，更轉化為國家治理能力與誠信的質疑，顯示當金融幻想擴張至與主權信用連動時，泡沫破裂的後果不再只是資產減損，而是整體社會契約的破裂。

政策綁架與財政脆弱：幻想擴張的結構陷阱

國家介入市場本為穩定經濟手段，然若介入手段不透明或過度依賴特定企業與商品，反而使財政與信用暴露於高風險之中。南海事件中，英國政府試圖藉南海公司壓低國債利率並改善財政結構，卻在監管與風險隔離機制不足情況下，讓市場價格牽動國家財政信譽，形成「政策綁架市場、市場反噬國家」的困局。這種錯誤並未停留在 18 世紀，20 世紀多數新興市場亦重

複相同情境，特別是在主權信用綁定國有企業或金融機構時。當幻想式的成長敘事凌駕制度真相之上，國家信用便成為市場情緒的代罪羔羊。

現代實例：阿根廷與斯里蘭卡的主權金融災難

近年阿根廷與斯里蘭卡相繼爆發主權債務危機，根源皆為金融幻想與政府過度干預市場機制所致。阿根廷政府為穩定匯率與壓制通膨，強行凍結匯價、控制物價與壓制債券殖利率，導致國內資本市場失靈，國際投資人信心崩潰；斯里蘭卡則因過度擴張基礎建設與進口補貼，資金使用未受制衡，最終外匯儲備枯竭，導致 2022 年正式宣布債務違約。這些案例皆說明，當國家過度藉助幻想式財務安排來撐起經濟表象時，一旦現金流中斷，後果將非一國企業倒閉可比，而是全面性的貨幣、主權與社會秩序崩壞。

臺灣借鏡：公共資金配置與政策泡沫風險

臺灣雖未爆發主權金融危機，但部分政策導向的公共投資與補助機制仍須警覺「金融幻想擴張成政策盲點」的可能。例如某些產業補助案與資本支出政策背後缺乏長期財務評估與報酬機制，可能因過度期待經濟乘數效果而忽略結構風險。若政策背後投資成效不如預期，民間資金流入後卻難以退出，極可能使整體資金市場陷入流動性錯配。此外，部分政策基金如新創

投資平臺或國發基金,若操作不透明、績效未揭露,亦可能被民間誤解為「保證獲利」,一旦經濟環境反轉,信任危機便可能擴散至整體財政信譽。金融幻想若與公共信用混淆,國家風險便不再只是統計資料,而成為選舉、政局與國際信評中的現實問題。

幻想一旦制度化,風險就已具備主權擴散性

金融幻想不可怕,可怕的是它進入制度後被當成現實依據。南海事件教會我們,當幻想與主權信用綁定,泡沫就不再是市場問題,而是國家問題。現代社會中,國家已成為資本運作的參與者與保證人,一旦角色錯位,將成為風險的主要承擔者。因此,制度設計應確保市場與國家之間的界線清晰、風險歸屬明確。不論是補助政策、國家基金或主權債務安排,皆應以透明、可衡量、能問責為原則。否則,一場來自市場的金融幻想,最終將演變為國家級的社會危機,這正是歷史不容遺忘的啟示。

第七節　鬱金香與南海泡沫的啟示

歷史不是重演,而是持續迴盪

鬱金香與南海事件雖相隔近百年,但其泡沫生成與破裂的機制驚人相似。從稀缺商品的神話性定價,到期貨交易與高槓桿

第二章　鬱金香與南海：最早的兩場泡沫與金融幻想

制度的濫用，再到政府角色錯位與監管真空的擴大，這兩場事件彷彿為後世資本市場留下兩道警鐘。鬱金香事件教會我們，當市場共識過於一致，理性就會在集體狂熱中退場；而南海事件則提醒我們，當國家與企業利益交錯不清，信任就會成為價格泡沫的燃料。歷史並未消失，它只是轉化為更複雜的制度迷宮，等待下一次集體情緒的觸發。

泡沫的結構性邏輯：從敘事到制度的層層陷阱

這兩場泡沫不是偶發事件，而是系統中各種脆弱性交疊的結果。從敘事上看，鬱金香泡沫依賴的是「美學結合投資」的文化敘事，將藝術品位與經濟利益包裝為一體；南海公司則運用「政策結合財務重構」的國族敘事，讓人民相信購買股票就是愛國與拯救財政。從制度上看，兩者都發生在監理體系尚未成熟、交易資訊不透明、內線交易未被明確禁止的時期。這顯示，只要結構中存在足夠的模糊空間、情緒張力與利益驅動力，泡沫的形成便難以避免。這也說明，治理泡沫不能只看價格與利率，而需拆解背後的制度設計與信念運作邏輯。

現代回音：區塊鏈、NFT 與社群交易平臺的警訊

今天，我們看到以太幣、NFT、社群推動的迷因股、甚至新創 SPAC（特殊目的收購公司）等現象，皆是「敘事驅動資產價格」的再現。在這些市場中，基本面分析幾乎無用，投資人更

第七節　鬱金香與南海泡沫的啟示

重視的是故事吸引力與共識速度。與鬱金香類似，NFT讓人以擁有數位圖像為榮，不再在乎其實用性；與南海公司類似，SPAC藉由空殼公司與政策預期包裝未來想像，引導資金進場，形成「未見其利、先見其價」的模式。這些現象若缺乏健全監管與投資教育，終將落入同樣命運：價格先騰空，信心再蒸發，最後共識破裂。

臺灣的啟發：信任經濟與制度設計的平衡課題

臺灣資本市場面對類似挑戰並未缺席，例如2021～2022年間流行的「政策概念股」與「轉型經濟族群」，即使基本面薄弱，仍因政府發言或政策預期而一度大漲。這說明即使制度進步，當投資人過度倚賴政策訊號而非自我評估，市場仍會陷入非理性價值重估。同時，臺灣社會對於「政府背書」、「官方鼓勵」的信任程度偏高，若不輔以風險揭露與資訊透明，金融幻想很容易再次擴張。真正的制度成熟，不只是建立規則，更是讓市場參與者能辨識風險並做出自我約束。

面對泡沫，我們要記得什麼？

鬱金香與南海泡沫留下的最大遺產，不是金錢的損失，而是對市場心理、制度漏洞與政治共謀的深刻描繪。每一場泡沫都有它的起點與結束，但投資人與政府的記憶若不能制度化為長期風險意識，那麼歷史只會換個形式再次來訪。面對未來，

第二章　鬱金香與南海：最早的兩場泡沫與金融幻想

我們不應再問「是否還會發生泡沫」,而是應思考「泡沫何時形成、如何預警、如何控制傷害」。這不只是經濟學的問題,更是公共治理與金融教育的永恆課題。

第三章
鐵路與金本位：
1873年的第一次全球信貸危機

第三章　鐵路與金本位：1873年的第一次全球信貸危機

第一節　美國鐵路泡沫與歐洲資本流入

國家夢想與資本狂潮的結合：
鐵路如何成為金融投機場

　　19世紀中葉，美國進入快速擴張期，西部拓荒與產業革命同時發展，鐵路成為連結東西岸經濟活動的核心基礎建設。在「鐵路即國運」的政治口號推動下，美國政府大量發放鐵路公司土地與貸款補助，並鼓勵民間參與投資。鐵路公司開始無限制擴張線路，甚至在尚未開發的地區預建鐵道，只為吸引資本挹注。這些企業大量發行股票與債券，建立起高度槓桿化的融資結構，導致市場上充斥著尚未獲利甚至未動工的鐵路專案資產。鐵路不再只是交通工具，而是變成了一張投機者心中的黃金門票，其未來價值被不斷上調，成為典型的泡沫預期商品。

歐洲資金湧入：國際資本如何推波助瀾

　　與今日許多新興市場依賴外資類似，當時的美國鐵路公司大多仰賴歐洲特別是英國的資本支持。倫敦成為美國鐵路股票與債券的主要發行市場，吸引大批英國投資人參與，並由投資銀行與中介機構將其包裝成具穩定報酬的「鐵路收益債」。這類商品在沒有公開財報與完整風險評估機制下廣泛銷售，投資人多基於對美國經濟未來的樂觀預期而投入，幾乎未質疑其資產

第一節　美國鐵路泡沫與歐洲資本流入

本質。資本流入推動了鐵路專案的再擴張,形成類似於今日的「熱錢灌注－資產膨脹－再融資」循環。一如今日金融市場中對科技股、房地產信託與綠能概念股的非理性追捧,當時的投資人亦迷信於技術變革與國家成長敘事,無視潛在風險。

泡沫的轉折點:過度擴張與營運困境浮現

到了 1873 年前後,多數鐵路公司因過度擴張而陷入資金週轉困難,加上部分線路因地理環境與人口分布不適用,導致收益遠低於預期。財務報表顯示,部分公司僅靠發債與發股維持營運,現金流不足問題日益嚴重。1873 年 9 月 18 日,北太平洋鐵路的主要承銷商 Jay Cooke & Company 倒閉,成為美國市場的直接引爆點;紐約證交所自 9 月 20 日起關閉約十日。市場開始質疑其他鐵路公司的償債能力,恐慌心理迅速擴散至整體鐵路與銀行產業。股市重挫、債市崩跌,出現類似銀行擠兌的拋售潮。鐵路泡沫從單一產業危機演變成整體金融市場的信任崩潰,其威力遠超市場原本的預期與風險評估。

金本位制度與金融擴張的衝突邏輯

泡沫擴張期間,英國等國已在金本位下運行;德國 1871～1873 年轉金本位。美國當時尚未恢復金兌、且沒有中央銀行;《恢復金屬支付法》1875 年通過並於 1879 年恢復金兌。這種制度與市場成長之間的矛盾,在 1873 年展露無遺。鐵路危機不只

第三章　鐵路與金本位：1873年的第一次全球信貸危機

是一場商業失敗,更是貨幣制度無法配合資本市場擴張速度的展現。後來的研究指出,金本位制度雖然穩定幣值,但對於快速變動的金融市場缺乏應變彈性,是加深1873年危機傳播範圍的重要制度根因。

鐵路泡沫是一面預警鏡,不是一場過去式

1873年美國鐵路泡沫與歐洲資本湧入的結合,成為19世紀最具代表性的全球性信貸危機之一。它揭示了國際資本如何放大單一國家金融市場的脆弱性,也說明了過度預期、資金過剩與制度僵化的疊加效應如何將地方性風險放大為全球災難。對當代臺灣而言,這正提醒我們在推動產業轉型與吸引外資時,需同步建立透明資訊揭露、跨國風險隔離機制與本土資金緩衝設計,否則歷史將以不同形式再次來臨。

第二節　黃金標準崩解與貨幣緊縮

金本位的信仰與制度鎔鑄

19世紀的金本位制度被認為是國際金融穩定的基石,各國貨幣價值與黃金儲備緊密掛勾,使得跨國貿易與資本流動建立在「硬通貨信任」的基礎上。黃金不只是貨幣單位背後的擔保,更是一種國家信用的象徵。然而,金本位也為貨幣政策帶來極大

第二節　黃金標準崩解與貨幣緊縮

的局限性，尤其在遭遇市場流動性緊縮或信貸危機時，央行無法擴張貨幣供給來救市，僅能依賴黃金儲備操作。這種制度上的剛性，使得金融市場無法根據實際經濟需要進行彈性調整，當經濟熱潮衝撞到黃金供給極限時，便成為泡沫破裂的導火線。1873 年的危機，正好揭示了金本位制度的結構性矛盾──信任穩定的背後，是缺乏應變的失控風險。

美國與德國的貨幣轉型壓力

1873 年前後，美國雖然名義上尚未完全回歸金本位，但市場信心高度期待美元與黃金掛鉤，使得資金調度受到市場預期影響，提前承受制度壓力。同時間，德國則於 1871 年統一後積極推動金本位改革，將戰爭賠款轉化為黃金儲備並逐步廢除銀本位。此舉迫使歐洲其他國家跟進金本位改革，引發了區域內的貨幣緊縮潮。黃金需求因制度轉換激增，導致市場利率上升、資金成本飆升，對本就高度槓桿化的企業構成巨大壓力。尤其是依賴外資的美國鐵路公司，資金成本上升與流動性困窘形成雙重打擊，原已脆弱的金融結構因此雪上加霜。貨幣制度的轉型雖出於國家現代化需求，卻在未設緩衝機制下造成全球信貸緊縮，反映出貨幣政策與市場結構的落差。

第三章　鐵路與金本位：1873 年的第一次全球信貸危機

■ 信用收縮與黃金輸出的連鎖反應

隨著危機爆發，歐洲各國為防止金本位失序，開始大幅提高利率以維持本國黃金儲備，進一步抽緊市場資金。倫敦市場收緊對外信貸並回收資本，對高風險海外證券撤資；倫敦作為 19 世紀全球資本樞紐，此舉強化了跨國資金回流，黃金因此迅速從美洲與歐洲邊陲市場回流至倫敦與柏林。這場黃金輸出的潮流，形同現代外資撤離，導致資本市場瞬間凍結，信用機構無法再融資，企業資金斷鏈。整體市場從泡沫期的「信心透支」轉向「資金斷供」，並非因為資產本身無價值，而是貨幣制度使得資金調度失靈。這段歷史讓後世理解，當貨幣制度過於嚴苛與線性，無法容納資產價格波動與市場情緒時，將成為危機擴散的加速器。

■ 臺灣脈絡：現代貨幣政策的學習借鏡

臺灣雖早已脫離金本位體系，但貨幣政策操作仍須兼顧通膨控制與經濟活絡的雙重任務。當全球資金潮進出臺灣市場，央行如何在維持新臺幣穩定與支撐經濟動能之間取得平衡，成為決策挑戰。例如 2022 年全球升息週期中，臺灣央行逐步升息應對輸入性通膨，但同時也面對出口放緩與企業資金壓力。在這種情況下，貨幣政策的彈性與預期管理能力，成為避免系統性風險的重要關鍵。1873 年金本位時期的失敗正提醒我們，制度若無回應市場波動的能力，即便擁有最強硬的信任機制，也將在危機時刻變成政策鐐銬。

制度的穩定性，不應成為調整的阻力

黃金標準的破綻讓我們理解到，「穩定」不等於「有效」。制度若只強調信用而無調節功能，將在市場需要變動時成為阻力而非支撐。1873年的全球信貸危機揭示：當經濟活動快於制度修正，風險就會從企業延伸至銀行，再擴散到整體社會。臺灣在面對全球經濟與資本流動劇變時，也需建立足夠的貨幣政策彈性與制度緩衝空間，才能真正走出一條不被歷史重演的貨幣治理之路。

第三節　國際投資與跨國金融錯配的起點

資本流動的雙面刃：全球化的早期樣貌

19世紀中葉的世界，正處於工業化與殖民擴張交錯之際，跨國資本首次大規模流入新興市場。鐵路建設被視為現代化象徵，不只在美國，亦遍及加拿大、阿根廷、俄羅斯與東歐地區。歐洲投資人將資金投入這些地區，希望獲得高報酬與長期成長。然而，由於缺乏國際財報標準與風險評估工具，這些投資多依賴地方政府或金融中介的「信用描述」，而非實際產能與收益。於是，國際資本往往集中於表面亮麗、實則缺乏配套的專案，造成所謂的「金融錯配」：資金湧入的地方未必是最有效率、最具生產力的區域，而是「看起來最有前景」的敘事熱點。

第三章　鐵路與金本位：1873年的第一次全球信貸危機

■ 金融中介的資訊落差與包裝機制

19世紀的倫敦與阿姆斯特丹是全球金融樞紐，但距離新興市場遙遠。當地金融機構通常無法直接審核專案內容，只能依賴地方中介與企業董事的報告，再加以包裝發行成債券或股票予以銷售。這種運作模式類似於今日的結構型商品與私募基金：以高報酬為賣點，模糊風險資訊。美國的鐵路公司大多透過英國商會與私人銀行向歐洲投資人募資，過程中資訊逐層轉譯與誇大。部分專案甚至是空殼公司，以鐵路藍圖作為擔保即取得巨額資金，後續再無進展。這種資訊不對稱與責任分散的金融中介結構，正是跨國金融錯配的溫床，使得市場看似繁榮，實則累積巨大潛在風險。

■ 匯率制度與跨境風險的無聲轉移

當時的貨幣制度多為金本位或銀本位，匯率波動相對穩定，造成投資人對「匯率風險」警覺性不足。然而，真正的風險並非來自匯率變動，而是來自各國對金本位的實施程度與可兌現能力不一。當危機爆發，部分新興國家便暫停金本位、限制黃金流出或禁止資本外逃，使得原本以為可以隨時撤出的投資，瞬間變成呆帳。這與今日新興市場突然資本管制、凍結外資帳戶如出一轍。1873年的危機突顯出，國際資本的表面流動自由，其實建構在不對稱的政策與制度差異上，而非真正的風險共享機制。

第三節　國際投資與跨國金融錯配的起點

臺灣觀察：資金熱點與配置失衡的現代翻版

當代臺灣同樣經歷多次國際資金湧入與撤離的循環。特別是在半導體、綠能與高配息 ETF 等產業或商品，外資常因短期政策利多或全球題材而大幅加碼，形成「資金聚光燈效應」。然而，這些資金未必進入最需資本的產業鏈基層或創新端，而是集中於品牌強、指數納入或媒體熱度高的標的，形成資產價格與實際產能脫鉤的金融熱點。當市場風向逆轉或升息政策出現，外資快速撤出，股價大幅回調，國內投資人與企業便承受衝擊。這種資金錯配與脆弱連動，正是當年 1873 年問題的現代版本。

跨國金融若無透明制度，即是風險擴散的導管

1873 年的全球危機提醒我們，國際投資不只是資本轉移，更牽涉到資訊透明度、制度兼容性與金融治理結構。當資金跨越國界而制度沒有隨之升級，風險就不再是個別項目問題，而是系統級的傳染病。當代市場不缺資金，而是缺乏能夠辨識真實價值與風險位置的制度環境。唯有強化跨國金融資訊揭露標準、建立風險分攤機制並培養本地金融中介的專業與責任，才能避免當年金融錯配的歷史在今日的資本市場中重演。

第三章　鐵路與金本位：1873年的第一次全球信貸危機

第四節　銀行恐慌與信貸收縮的連鎖效應

恐慌觸發點：鐵路泡沫蔓延至金融系統

1873年鐵路泡沫破裂後，美國與歐洲金融市場迅速感受到巨大壓力。美國多家大型鐵路公司宣布無法如期支付債息，引發投資人與銀行同時撤資與抽貸。在金本位制度束縛下，銀行缺乏增加流動性的能力，反而選擇保守自保，導致信貸全面凍結。最大的導火線來自「庫克公司」（Jay Cooke & Company），這家當時極具影響力的投資銀行是北太平洋鐵路的主要承銷商，當其宣布破產時，不僅投資人信心潰散，更連帶造成市場對整體銀行體系的不信任。銀行客戶紛紛提款自保，出現早期形式的銀行擠兌現象，恐慌迅速蔓延至其他地區與歐洲主要金融中心。

系統性信貸危機的誕生：信用管道集體關閉

當銀行面臨擠兌時，第一反應往往是停止新貸放款與回收現有信貸，這正好加劇了企業流動性問題。在1873年危機中，許多原本運作良好的企業，因為信貸突然中止而資金鏈斷裂，被迫停工或裁員，導致實體經濟連帶受創。銀行之間也因不信任而不再互相拆借資金，使得整體金融系統陷入「信用凍結」狀態。這種狀況在現代被稱為系統性信貸危機：不只是單一機構

第四節　銀行恐慌與信貸收縮的連鎖效應

發生問題,而是整個信貸網路同時斷鏈,使得企業、家庭與政府部門皆無法順利融資,形成惡性循環。

國際傳導機制:歐洲先爆,再反噬美國

1873 年 5 月 9 日,維也納證交所率先暴跌(俗稱 Gründerkrach),信心迅速外溢至柏林、倫敦等歐洲金融中心。歐洲資本開始回收對美國與邊陲市場的投資、收緊信貸,倫敦市場對海外證券的風險偏好下降,形成跨境資金回流。此傳導在夏季逐步壓縮美國的融資環境,到 9 月 18 日,北太平洋鐵路主要承銷商 Jay Cooke & Company 宣布倒閉,美方恐慌全面爆發;紐約證交所自 9 月 20 日起關閉約十日。

臺灣脈絡:資金斷鏈與銀行流動性的脆弱平衡

臺灣金融市場雖具備一定的監管制度,但面對突發性資金撤離或資產價值大幅回檔時,銀行體系的流動性仍具脆弱性。舉例來說,2020 年後受到疫情與地緣政治影響,臺灣部分中小企業與新創公司依賴信保基金與銀行貸款度過困境,但若未來資金成本上升或資產價格下跌,信貸鏈條亦可能斷裂,引發類似「迷你版的 1873 危機」。此外,部分地區型中小銀行對特定產業曝險過高,若該產業受衝擊,銀行將同時面臨資產貶值與提款潮雙重風險。這提醒我們,信貸市場的穩定不僅取決於利率與政策,更與系統中參與者之間的信任連結有關。

第三章　鐵路與金本位：1873 年的第一次全球信貸危機

從資產泡沫到金融凍結，只差一個信任崩潰

1873 年的銀行恐慌顯示，當金融市場信任機制被打破，即使資產仍具價值，也難以轉化為流動性，導致整體經濟資源錯置與停滯。信貸凍結的破壞力，不輸泡沫本身，而其成因往往是心理與制度同時失靈。當代市場若無法持續強化金融中介的透明度與風險管理能力，將難以抵禦大型泡沫後的信貸收縮風暴。臺灣需持續在法規、資本適足與金融科技監理上提升系統韌性，才能避免走上 1873 年的歷史軌跡。

第五節　當時的應對與今日的制度差異

危機應對的遲緩與制度空白

1873 年危機爆發之際，美國當時尚無中央銀行；但歐洲多國已設有央行或央行雛形（如英格蘭銀行、法國銀行、奧地利國家銀行等），惟其工具受金本位與當時法制約束，最後貸款人功能尚未制度化。美國聯邦儲備系統尚未誕生，政府僅能以零散行政命令或道德勸說方式處理銀行擠兌與資本撤離。歐洲方面，儘管英國擁有相對進階的中央銀行體系，但面對資金流動與信貸恐慌，仍主要依賴金利調整與黃金儲備變動因應。當時各國普遍欠缺存款保險、最後貸款人機制與系統性風險監控體系，使得市場參與者在恐慌中無法獲得清晰指引，危機處理反

第五節　當時的應對與今日的制度差異

而加深市場混亂與不信任，導致經濟持續萎縮超過五年，進入史稱「長期蕭條」的時期。

政府角色的局限與教訓

當時的政府多數仍持自由放任主義立場，認為市場會自行調整過度與錯誤，干預僅限於極端情況。然而，1873年的金融恐慌與實體經濟崩解，證明市場機制在高度槓桿與資訊不對稱條件下難以自我修復。當大量企業倒閉、失業飆升與民眾生活惡化時，政府逐漸意識到應有更積極作為。這一歷史事件間接推動了日後「國家應對經濟危機」觀念的興起，並成為20世紀初凱因斯主義與現代財政政策的理論鋪墊。危機後，德國開始強化中央銀行角色，英格蘭銀行的危機放款作法在學理上由白芝浩加以規範化，成為後世「以高利率、良好擔保，向市場提供緊急流動性」的參考原則。

現代制度進化：從反應遲緩到預警機制

與1873年相比，當代的金融體系已擁有多重穩定機制，包括存款保險制度、流動性提供架構、逆週期資本緩衝與大型金融機構壓力測試等。以2008年金融危機為例，美國聯準會與財政部快速介入，祭出TARP計畫與量化寬鬆，儘管效果與公平性仍存爭議，但至少成功遏止了信貸系統全面癱瘓。臺灣亦設有中央存保機構與銀行公會機制，能在短期內進行資金挹注與

第三章　鐵路與金本位：1873年的第一次全球信貸危機

媒合，避免恐慌擴散。不過，這些制度雖具備應變功能，但面對複雜資本流動與創新金融商品仍可能失效，因此建立跨國預警聯盟與強化資料透明度成為未來制度演進關鍵。

臺灣觀點：金融穩定與制度彈性之平衡

臺灣目前在金融穩定架構上已具備基本框架，然而在危機預警、跨業整合風險與資產泡沫辨識方面，仍有強化空間。以房地產市場為例，儘管央行針對高價住宅與多戶貸款採取選擇性信用管制，仍可能因區域性供需錯配與市場預期錯誤引發局部風險。此外，壽險與退休基金等長期資金對高收益商品的依賴，若在國際金融震盪時無法靈活調度，亦可能出現系統壓力。因此臺灣應持續擴充監理科技（RegTech）、提升跨部會協調效率，並與國際接軌監控外部衝擊。

從歷史落差中找出制度設計的方向

1873年的金融危機讓世界首次體認到市場非萬能，政府與制度若缺位，恐慌便會接管決策空間。當代制度雖遠較當年進步，但仍須警覺：監管架構不能只回應上一場危機，而必須預測下一次風險的樣貌。以臺灣為例，面對新興科技、全球資金波動與氣候變遷等新型風險，更需要的是制度設計的前瞻性與行動力。歷史從不只是過去的事件，而是提醒我們，制度不是為了安慰市場，而是為了在最壞的時刻依然能守住信任底線。

第六節　危機如何傳導到全球

區域事件如何成為全球風暴

1873年的金融危機雖起源於美國鐵路泡沫與投資銀行倒閉，但其迅速擴散至歐洲與其他地區，揭示了早期全球化金融結構的高度連動。由於歐洲資本大量投資美國鐵路與企業債券，一旦信用破裂，資金便急速撤回，造成倫敦、柏林與巴黎金融市場動盪。歐洲銀行為彌補資本缺口，開始拋售殖民地資產與商品期貨，進一步引發全球貿易商品價格暴跌。整體而言，這場危機從美國起點經由資本流動與商品貿易鏈條，最終觸發全球多國的實體經濟衰退，造成罕見且廣泛的全球經濟同步下滑。

貿易失衡與金融失衡的交互作用

危機發生時，各國尚未有協調貿易與資本帳的國際組織或機制，導致全球經濟體系處於一種「各自為政」的結構下運行。美國鐵路泡沫破裂導致貿易訂單急速減少，使得依賴美國市場的歐洲出口商遭遇打擊；反過來，歐洲金融機構回收資金造成殖民地與新興市場資源價格暴跌，導致拉丁美洲與東歐地區金融機構與農業企業倒閉。這種資金撤離與貿易停滯的雙重效果，讓危機不再只是資本市場內部波動，而成為全面性的經濟重編

現象。此結構也間接催生了日後對「國際金融調節機制」與「資本流動規範」的制度構想。

金本位體系的僵化加速危機傳導

金本位雖提供了匯率穩定，但也使各國中央銀行難以採取獨立的貨幣刺激政策。為維持黃金儲備，各國央行選擇升息與緊縮，反而進一步壓縮了市場流動性，導致危機加劇。尤其是那些剛導入金本位的歐洲新興經濟體，在缺乏足夠黃金準備下，不得不凍結信貸與限制資本外流，導致企業融資中斷與大規模失業。這類以制度穩定為名義的保守操作，使得危機傳導不再只是市場反應，而變成制度連鎖崩解。正因為制度彈性不足，危機才無法有效被區隔或局部化，反而波及全球。

臺灣啟示：資本自由流動的代價與挑戰

在當代開放經濟體系下，臺灣作為出口導向與資本密集的經濟體，也面臨類似1873年時代的危機傳導風險。近年全球資金潮起潮落，對臺灣股市、房地產與匯率造成高度影響，顯示資本自由流動雖提高效率，卻也放大外部風險傳導力。當國際資金急速撤離時，若本國未設有有效的外資監控系統與資金流向預警機制，就可能重演當年國際金融中心間信任斷裂、資金外逃、經濟失速的劇本。特別是在高科技產業與ETF等集中風

險資產中，若投資過度集中於少數題材，一旦遭遇全球情緒翻轉，便可能成為危機的導火線。

全球風險從來不需邀請函

1873 年的教訓在於，無論危機起點多麼地方性，只要結構環環相扣、制度高度對接，全球金融系統就如骨牌般無從倖免。現代經濟體應正視危機的傳導機制，從強化跨境資本管理、建立快速應對流程，到推動國際監理協定，方能減緩風險蔓延速度。對臺灣而言，更重要的是建立對「看似遠方危機」的敏感度，從政策與市場層面培養應變能力。畢竟，風險從不等待準備完畢的那一天。

第七節　1873 危機的制度影響

危機帶來的制度自省起點

1873 年金融危機雖未如 1929 年或 2008 年為人熟知，但其在金融制度發展史上具有深遠意義。該事件首次迫使政府與市場共同意識到，金融體系無法僅依賴市場自律與黃金儲備作為風險調節工具。大量企業倒閉與銀行擠兌後，歐美主要經濟體開始反思制度設計上的缺口：為何資金配置與企業財務透明度不足？為何市場情緒能輕易摧毀實體經濟？為何政府面對崩潰

第三章　鐵路與金本位：1873 年的第一次全球信貸危機

只能袖手旁觀？這些反思種下了現代金融監理與中央銀行功能定位的種子。1873 年之後，不少國家逐步開始建立更加制度化的證券交易市場、會計標準與商業登記制度，奠定了 20 世紀初現代資本主義國家的雛形。

◼ 商業信任與資訊披露制度的奠基

在 1873 年前，多數企業並不需要公開財報或營運報告，投資人僅能依賴報紙、坊間謠言或個別經紀人的推薦。危機之後，市場開始要求企業必須具備最低資訊揭露義務，包含年度盈虧、負債比率與主要資產負債項目。這些做法最初並未強制實施，但在銀行與保險公司自發採納後逐漸成為業界常規。歐洲尤其是德國與荷蘭，開始制定更明確的商業登記與資產稽核法規，並設置類似現代公司登記所的單位。美國則從州政府層級逐步要求金融機構進行資本適足報告，雖初期執行力弱，卻為往後成立聯邦監管機構與證券交易委員會（SEC）奠定實踐土壤。資訊透明的理念，自此從危機反省變為市場標準。

◼ 現代中央銀行理念的萌芽

1873 年危機的慘痛經驗也讓「最後貸款人」的概念浮上檯面。雖然當時並無統一的中央銀行系統，但銀行界普遍開始討論，是否需要一個由政府授權、具有提供緊急資金功能的機構，以免再度發生資金瞬間枯竭的連鎖崩潰。

第七節　1873 危機的制度影響

德國於 1875 年通過帝國銀行法,「德意志帝國銀行」1876 年正式開業,被視為現代中央銀行的先驅之一,其職能即是維持金融秩序與穩定信貸供給。

1873 年後,英格蘭銀行的「最後貸款人」角色在實務與學理上被強化,但當時並無立即且大幅的新增法定權限;其操作更多屬慣例與政策實務的鞏固,非立法層面的擴權。

雖然美國直到 1913 年才設立聯準會,但 1873 年的制度反省與地方銀行聯合行動已提前演練了央行職能的必要性,讓「金融安全網」的制度概念首次進入政府決策思維中。

臺灣制度借鑑:從監管反應到系統治理

現代臺灣的金融穩定架構雖已建立,但若將視野放至 1873 年的制度啟示,可察覺出現代制度仍有可進化之處。以資訊揭露為例,雖現行上市櫃公司須定期公布財報,但在非上市企業、新創平臺、去中心化金融（DeFi）領域,仍存在高度資訊落差。此外,臺灣目前雖設有金管會與中央銀行,但其在處理跨平臺資產移轉、國際 ETF 泡沫風險與加密資產資金盤等新興議題時,反應速度與權限設計仍需強化。透過借鑑 1873 年的制度失敗與後續制度誕生歷程,臺灣可進一步建構跨產業、跨境與跨平臺的金融監理與預警架構,從制度性強韌度出發,強化市場韌性。

第三章　鐵路與金本位：1873年的第一次全球信貸危機

▊ 制度不是靜態產物，而是危機的產物

1873年危機證明，真正催生制度變革的不是常態經濟，而是系統性風險爆發後的反省力道。每一次金融災難都是一份制度設計考卷，填錯題者往往要付出社會代價。制度設計無法百分百防止下一次風暴，但能提供避免失控的圍籬。當代政策制定者應持續回顧這些制度起源，以危機為鑑，不僅修補漏洞，更要提前設想新興風險的治理藍圖。1873年的制度演進歷程提醒我們：金融穩定不是一張保單，而是一場不斷調整的歷史賽局。

第四章
一戰後的德國威瑪共和國：
舊馬克之亂與惡性通膨

第四章　一戰後的德國威瑪共和國：舊馬克之亂與惡性通膨

第一節　一戰戰敗與戰爭賠款的重負

國家崩解與賠款體系的壓頂效應

第一次世界大戰結束後，德國面對的不只是軍事上的失敗，更是經濟與政治全面崩解的局面。1921年《倫敦支付計畫》確定名義賠款為1,320億金馬克，其中A、B兩類分期項目合計約500億金馬克為實際支付重點。這一負擔連同戰後經濟瓦解，使德國財政與社會信心迅速惡化。這種空前重的財政負擔不僅壓垮德國國庫，更打擊了民眾對國家未來的信心。對外，德國的貿易權益被削弱，無法以出口取得賠款支付所需的外匯；對內，政府稅收受限、企業信心崩潰，整體經濟陷入低迷。戰後初期，德國政府並未立即啟動實質經濟改革，而是依賴增印貨幣的方式籌措賠款與國內支出，導致日後惡性通膨的引信悄然埋下。

軍事崩潰與社會動盪的雙重影響

一戰後的德國國內，政治體制陷入崩潰，君主退位、革命興起，威瑪共和國草草建立，卻缺乏穩定基礎與民眾信任。政府更迭頻繁，各州甚至出現局部軍事叛變與紅色革命浪潮，社會秩序瀕臨瓦解。在此脈絡下，政府無法推動有效的財政與貨幣整合政策，只能短期內依靠貨幣政策彌補財政赤字。這使得德國中央銀行（Reichsbank）開始大量發行紙幣以應對政府支

出，導致通膨逐步上升。從 1919 年到 1921 年間，通膨仍在可控範圍內，但民眾對國家治理能力與貨幣價值的信心，已開始鬆動。此階段的惡性通膨尚未爆發，卻已顯露出制度性的無力與信任的破裂。

國際壓力與外交困境加劇財政焦土

《凡爾賽條約》對德國的要求不只是金額龐大，更設下了時間表與外匯支付條件，使得德國政府必須向外國市場購買黃金與外幣來完成賠款，進一步擠壓本國貨幣價值。由於無法憑藉貿易順差取得足夠外匯，德國政府不得不以內部融資方式應付外部義務，即以發行公債與紙幣換取外匯，造成馬克大幅貶值。此外，法國與比利時不滿德國履約不力，於 1923 年武力占領魯爾區，加劇經濟困境。德國政府為支援當地居民抗命行動而大幅補貼罷工與生活支出，進一步放大財政黑洞。此時期的經濟政策並無實質重建戰略，政府如同走在瓦礫上的財政獨輪車，不斷印鈔、負債、再印鈔，直到最後踩進深淵。

臺灣對應經驗：戰後制度重建與財政空轉的危機感

從德國 戰後情境觀察，可對照戰後臺灣於 1945 年接收後的貨幣混亂與財政真空問題。彼時臺灣經濟體系殘破，治理秩序混亂，政府以發行臺幣取代舊有日圓體系，卻未能建立有效金融信任與財政紀律，也未即時推動產業重建與稅收體制改

第四章　一戰後的德國威瑪共和國：舊馬克之亂與惡性通膨

革，導致短短數年間通膨劇增、民眾信心崩潰。無論德國或臺灣，戰後若無制度性的財政與金融治理方案，僅靠印鈔應對支出，最終都將引爆通膨與金融信任危機。

失敗和平的經濟反彈效應

第一次世界大戰的結束並未帶來和平，而是一場經濟壓迫與國家解體的開端。對德國而言，沉重的賠款義務如同一場無形戰爭，迫使政府走上極端的貨幣操作與財政錯配之路。這段歷史提醒我們，和平協議若未建立在可持續財政與貨幣規劃基礎上，遲早會在另一場危機中反撲。無論是1919年的德國，或1949年前的舊臺幣通膨，皆證明戰爭結束不等於風險解除，制度建構與信任重建才是和平的真正起點。

第二節　貨幣供給失控與政府財政破產

紙幣如洪水：貨幣供給的瘋狂擴張

進入1922年後，德國的貨幣發行進入失控階段。為了支付龐大的國內支出與戰爭賠款，中央政府透過Reichsbank（德意志中央銀行）每日大量印製紙幣，試圖以貨幣貶值的方式消化債務。然而，隨著馬克對美元與英鎊的匯率持續崩潰，物價飛漲，德國經濟正式進入「惡性通膨」時期。民眾發現，昨天的工

第二節　貨幣供給失控與政府財政破產

資今天已無法購買同樣的商品,於是出現「早上發薪、下午搶購」的現象。統計顯示,僅 1923 年一年內,馬克的貨幣基數成長超過十億倍,而麵包的售價從 250 馬克跳升至 2,000 億馬克,物價與貨幣價值之間的關係完全斷裂,貨幣不再具備任何儲值與交易功能。

財政破產的連鎖效應

貨幣失控的背後是國家財政的全面破產。由於稅收嚴重不足、出口停滯與民眾拒絕持有馬克資產,政府實際上無法以正規收入支應日常開銷,只能持續以印鈔彌補赤字。這形成財政與貨幣的「雙重赤字循環」:印鈔導致通膨,通膨降低實質稅收,再逼迫政府進一步印鈔。與此同時,民眾不再繳納稅金,而是選擇囤積實物資產、自行交易,間接癱瘓政府運作能力。整體國家機器開始無法提供基本公共服務,包括軍警維持、醫療糧食與社會保障。從國防到民生,國家在通膨洪流中逐步瓦解。德國財政部被迫每日調整預算,實際操作猶如困獸之鬥,徒具形式卻無法實現治理功能。

信用解體:馬克的崩潰與民間反應

在信心崩潰後,馬克幾乎淪為廢紙,不僅國內交易難以進行,國際市場也完全拒絕接受。德國民眾轉而使用外幣(如美元與瑞士法郎)、黃金或物資進行交換,形成多重貨幣體系與黑市

經濟。企業開始以「實物支付薪水」，如發放麵包券、煤票，或以公司股票換取勞動力。鄉村與小城鎮出現由地方政府或合作社自行印製的「替代貨幣」，稱為 Notgeld，反映出對中央貨幣完全失去信任。這種民間自發貨幣秩序雖短期內維持基本生活運作，卻也加速中央政府失能。歷史學者指出，這種「貨幣主權的解體」不僅是經濟問題，更是國家統治正當性崩解的表徵，民眾不再以貨幣作為國家連繫的媒介，而是以對政府的逃避取而代之。

臺灣經驗對照：1949 年舊臺幣危機的重演

1949 年前的臺灣，也曾經歷類似的惡性通膨。國民政府接管臺灣後，為應對中國內戰財政壓力與接收支出，於島內大量發行臺幣，並最終導致幣值崩潰與民間信心喪失。物價每日變動，民眾改以米、糖、香菸等實物交易，許多公務員無法靠薪水維生，造成社會不滿與政權危機。政府最後不得不宣布發行新臺幣，重啟貨幣體系。與威瑪共和相似，臺灣在貨幣與財政同時失控後，也見證了統治正當性與國家治理能力的快速流失。此類經驗提醒我們，貨幣政策並非僅關乎經濟數字，而是整個社會信任結構與國家治理能力的根本指標。

當貨幣失去價值，國家也將失去基礎

威瑪德國的惡性通膨是一場制度與信任的雙重崩潰，其根源並非單一經濟失誤，而是財政赤字、外部壓力與政治瓦解交

織而成的結構性危機。當貨幣不再是價值的量尺，國家也就無從履行其社會契約角色。這段歷史提醒臺灣等現代民主國家，若忽視貨幣政策與財政責任的協調，一旦信心崩盤，即便擁有再多外匯存底或金融工具，也難以挽回社會對國家治理的基本信任。

第三節　惡性通貨膨脹與德國社會的崩解

家戶生活的崩塌：經濟失序的日常面貌

1923年是德國惡性通膨最劇烈的一年，對一般家庭而言，每一天的生活都充滿不確定與焦慮。薪資無法應付物價飛漲，通勤、用餐與基本生活開銷每日飆升，造成民眾普遍放棄儲蓄與預算規劃，只求「今日活下去」。家庭主婦需清晨排隊搶購麵粉與煤炭，手持成疊紙幣，卻只夠換取幾天糧食；孩童的零用錢幾乎無用，部分地區甚至以郵票或糖果作為交易媒介。老年人則面對過去儲蓄完全蒸發的現實，養老金一夕之間變得毫無意義。這場通膨不只是數據崩壞，更是生活型態的徹底毀壞，讓整個社會陷入前所未有的焦躁與不信任。

勞工階層的極度剝奪感

對德國工人階級來說，惡性通膨無異於經濟屠殺。薪資調漲速度遠遠追不上物價，每月薪資發放後立即折損成毫無購買力的

數字。為了爭取合理待遇，勞工發起罷工與街頭抗爭，使得社會秩序更加混亂。部分企業乾脆以實物支付薪水，如發放肥皂、麵包或香菸票券代替金錢。而在中產階級之間，職業尊嚴與生活品質同步下墜，教師、醫師與律師的實質收入趨近於零。教育與專業服務陷入停擺，社會流動性凍結，階層間的不平衡轉化為深刻的仇恨與政治極化基礎。這種普遍剝奪感，不僅助長階級衝突，也為日後激進政黨提供了廣泛的群眾動員條件。

資產階級與投機者的權力崛起

在所有混亂之中，部分社會階層卻因掌握資本與外匯而暴富。擁有房地產、貴金屬或可轉換資產的資產階級，藉由資產增值與匯率套利擴大財富差距。部分工業家則透過出口或海外帳戶轉移資產，成功避開馬克貶值風暴。同時間，黑市與投機行為橫行，民間充斥非法貨幣兌換、進口管制規避與囤積倒賣現象。這些現象不僅破壞正規經濟，更讓大眾對市場失去信任，轉向相信政治暴力與極端訴求。社會菁英與大眾之間的不平衡達到歷史新高，預示著一場社會重構的政治巨浪正在逼近。

臺灣經驗借鑑：分配失衡與社會信任的瓦解

1940年代後期的臺灣亦曾經歷類似的通膨社會撕裂過程。當時受國共內戰影響，臺灣財政嚴重透支，導致臺幣持續貶值，民間交易轉向實物交換與地下市場。公教人員薪資追不上物價，

年金制度形同虛設，醫療、教育與治安全面退化。部分人靠著走私、特權兌換或海外資金保值而發財，進一步引發民怨與社會不穩。正如威瑪時代所示，一旦貨幣崩壞，階級矛盾將急遽升高，甚至演變為社會整體秩序的崩解與暴力傾向的制度化。

通膨不只是經濟問題，更是社會治理危機

惡性通膨下的威瑪德國，讓我們看到貨幣制度崩潰如何牽動整個社會的瓦解。從日常交易到階級關係，從政治穩定到道德信仰，無一倖免於貨幣貶值所帶來的全面失控。這段歷史強調了「貨幣是社會契約的媒介」，一旦貨幣失去信任，政府就失去治理工具，社會也失去共同語言。對當代國家而言，維持貨幣穩定與社會信任是不可分割的治理任務，否則經濟災難終將轉化為政治悲劇。

第四節　國際債務與法郎、英鎊聯動效應

國際債務網絡的壓力循環

威瑪德國的惡性通膨並非純粹內部政治失序的結果，更是一場國際金融結構失衡的連鎖反應。根據《凡爾賽條約》，德國不僅需向戰勝國支付高額賠款，更要以金本位外匯──如英鎊、法郎與美元──履行繳款義務。這種對硬通貨的強制需求，

第四章　一戰後的德國威瑪共和國：舊馬克之亂與惡性通膨

迫使德國必須在幣值持續貶值下，以更加昂貴的代價從市場中獲取外匯。不僅加劇國內通膨壓力，也在國際金融體系中引發連鎖緊縮效應，其他歐洲國家如法國與英國，為了確保自身債權不受損失，反而對德國加大償付要求，形成惡性壓榨循環。

賠款體系下的英法貨幣與美元崛起

戰後初期，英鎊雖仍具國際地位，但直到 1925 年才按戰前平價恢復金本位；法郎則在 1926～1928 年龐加萊改革前一直處於貶值與不確定。英法兩國同受重建與戰時債務壓力所擠壓，法國對德賠款的依賴更高。當德國出現惡性通膨與履約困難（並在 1923 年引發魯爾占領）時，倫敦與巴黎的放款人與承做銀行上調對德風險溢價、縮短融資期限、提高擔保品要求，並增加以美元等硬通貨計價與結算以避險。此一調整強化了 1920 年代美元作為國際金融貨幣的地位與紐約的資本吸引力，歐洲金融重心由此部分轉移。

美國的間接牽動與資金鏈條擴張

美國雖未受《凡爾賽條約》約束賠款，但在戰後成為歐洲債務國最大的金主，對德國與英法政府都有鉅額貸款與商業授信。當德國財政與貨幣系統崩潰後，美國的信貸機構也遭受間接衝擊，特別是 1920 年代初期，美國金融市場開始感受到歐洲不良債務壓力與國際收支失衡。1924 年後美國資金大舉輸德；

第四節　國際債務與法郎、英鎊聯動效應

至 1928～1929 年美國升息才顯著收緊，外資回流加劇歐洲脆弱性，最終演變為國際資本流動減緩、歐洲經濟復甦中斷的全面危機態勢。這段歷史說明，全球化資本體系中，即便非直接債權人，也可能因結構性依存關係承受傳導風險。

臺灣觀察：匯率依賴與國際資金壓力風險

臺灣身為出口導向經濟體，對外匯供給的依賴程度高，尤其在國際債務與資金移動快速化的時代，類似威瑪德國的風險壓力並非不存在。2022 年全球升息循環啟動後，臺幣對美元短期內大幅貶值，造成能源、原物料與海外進口壓力激增；同時資金快速流出，股市與債市同步震盪，顯示匯率穩定與金融信心之間的敏感關係。若在政治動盪、國際關係緊張或主要經濟體政策翻轉情境下，外資大規模撤出或國際融資受阻，臺灣也可能遭遇「貨幣穩定成本化」的挑戰。

貨幣崩解的背後，是全球金融壓力場

威瑪共和的惡性通膨並非孤立的歷史事件，而是一張緊密交織的國際債務網絡中最脆弱的一環。從德國的失控印鈔，到英法的緊縮施壓，再到美國的信貸風險外溢，顯示貨幣穩定並非單一國家內政，而是牽一髮動全身的跨國議題。現代經濟體若未正視匯率、外債與資本帳之間的連動結構，可能在全球金融壓力升高時，重蹈馬克崩解的歷史覆轍。

第四章　一戰後的德國威瑪共和國：舊馬克之亂與惡性通膨

第五節 | 地產抵押馬克 新貨幣的誕生與金融秩序重建

新貨幣的必要性與制度重構的開端

1923年末，德國通膨達到巔峰後，國家經濟已瀕臨崩潰邊緣。中央政府與財政部認知到舊馬克體系已完全失去信任與功能，無法再作為交易與儲值媒介，必須建立一種全新貨幣體系來恢復經濟秩序。這時，在施特雷澤曼內閣下，由財政部長漢斯·路德主導設計，沙赫特出任貨幣總監執行，推出地產抵押馬克（Rentenmark）。地產抵押馬克並非以黃金儲備為基礎，而是以國內不動產與工業資產抵押作為發行依據，並嚴格限制其發行數量。這項設計旨在重建民眾對貨幣的信任，並立即中止惡性通膨的自我強化機制。

穩定機制與中央監管的重建

與過去不同，地產抵押馬克的發行由新成立的「德國地租（或地產抵押）銀行」（Rentenbank）掌控，其不隸屬於中央政府，亦不允許直接融通政府財政赤字。這一制度設計打破過去中央銀行被政治干預、無限印鈔的邏輯，讓市場相信通膨將被約束。同時，政府與社會各界進行大規模金融宣導，要求企業與市民將交易轉向新貨幣。更關鍵的是，國際社會對新貨幣的支持，特

第五節　地產抵押馬克新貨幣的誕生與金融秩序重建

別是美國與英國透過道威斯計畫（Dawes Plan）提供金融援助與重組賠款架構，形成了國內制度改革與國際合作共同穩定幣值的契機。地產抵押馬克的成功發行，象徵著德國金融秩序重建的重要轉捩點。

實體經濟的回穩與民間信心重建

地產抵押馬克發行後，馬克停止貶值，物價迅速穩定，企業得以重新訂價、計算成本，並進行有預期的投資規劃。農村經濟因交易正常化開始復甦，都市勞工的實質工資恢復購買力，社會基本生活恢復常態。雖然整體經濟仍處於低迷，但金融穩定為重建奠定了信心基礎。政府逐步撤回通膨期間的緊急措施，如配給與價格管制，恢復常規稅制與商業法規，讓社會開始重新運作在預期合理的經濟規律中。此段時期也被歷史學界稱為「相對穩定的黃金五年」（1924～1929），儘管隱含結構性矛盾仍未解決，但短期內社會動盪顯著減緩，展現出制度性貨幣改革對信任系統的修復力。

臺灣對照：新臺幣改革與金融安定機制

1949年，臺灣為因應舊臺幣崩潰與惡性通膨，同樣啟動貨幣改革，宣布新臺幣發行並由中央銀行限量發行、嚴控信貸與預算赤字，與地產抵押馬克的制度邏輯頗為類似。透過限制流通、凍結舊幣、搭配緊縮財政與配套法令，快速穩定了通膨預

期，也為後續經濟起飛鋪路。這類貨幣改革的關鍵在於「制度獨立性」與「公信力重建」，若中央銀行可擺脫政府財政干預，建立專業治理信任，民間便會逐步接受新貨幣並恢復經濟行為。在當代，這也反映在中央銀行獨立性立法與資產負債表透明度的設計上，成為衡量貨幣政策可信度的基礎元素。

貨幣改革是信任建構工程，不只是技術調整

地產抵押馬克的誕生說明，貨幣制度的穩定，不單取決於資產擔保或金本位，而在於制度設計是否能有效隔離政治干預、重建市場信任與交易預期。貨幣從來不只是經濟工具，更是國家誠信的象徵。對現代社會而言，面對全球資本流動、數位貨幣崛起與政府財政壓力，再次提醒我們，金融秩序若無制度約束與民意基礎，再多技術手段也無法避免下一次信任崩潰。

第六節　威瑪共和國的啟示：貨幣政策與國家穩定

制度獨立與貨幣信任的脆弱性

威瑪共和的經驗強烈提醒現代社會：當中央銀行缺乏獨立性，貨幣政策極易淪為財政缺口的替代工具。一旦政府過度依賴印鈔填補赤字，不僅損害金融紀律，更動搖整個社會對貨幣

第六節　威瑪共和國的啟示：貨幣政策與國家穩定

的信任。1920 年代初，德國中央銀行的被動操作與政治從屬，正是惡性通膨的核心制度病灶。即便地產抵押馬克成功穩定了經濟，但若制度根基未被強化，信任的修復便只是短期幻象。這也讓人理解，為何現代各國強調央行獨立性，如歐洲央行、美國聯準會或臺灣中央銀行，都需避免捲入短期政治計算，以維繫長期政策一致性與市場信心。

經濟政策與政治合法性的互動關係

威瑪共和的財政與貨幣錯誤，讓德國社會陷入廣泛失序，也間接促成極端主義的興起。貨幣的崩壞，不只是民眾經濟受損，更導致政府失去施政正當性。許多研究指出，希特勒與納粹黨的崛起與惡性通膨後的社會失望有高度關聯。這證明穩定的貨幣環境，是民主制度運作的重要基礎之一。當人們無法預期明日的生計，對制度的基本信賴也將動搖。從這個角度來看，貨幣政策絕不僅是經濟決策，更是治理與合法性工程的核心。只有建立預期穩定、操作透明的政策環境，才能避免類似社會撕裂再次發生。

國際合作與國家貨幣主權的平衡

地產抵押馬克改革成功的另一個要素，是國際社會的介入與金融援助，特別是道威斯計畫所提供的賠款重編與資金注入。然而，這也暴露出一個矛盾：貨幣穩定需要外部支持，但過度

依賴可能削弱主權操作空間。當時德國部分知識分子擔憂過度屈服國際金融勢力，未來貨幣政策將受外力控制。這個議題在當代仍具現實意義，特別是對中小型經濟體如臺灣而言，如何在全球資本整合與匯率壓力下，維持政策自主性，正考驗中央銀行的策略定力與政府的國際談判能力。

臺灣觀點：穩定政策與民主信任的雙向機制

臺灣的金融制度改革與貨幣政策歷程，也證明制度穩定與信任之間的雙向關係。1990年代後期，面對亞洲金融風暴、升息與貶值壓力，臺灣透過中央銀行的獨立操作與市場溝通，成功穩定匯率與物價，鞏固社會信任。此後，包括新臺幣市場機制改革、資本項目逐步開放，以及央行總裁政策透明度提升，皆讓貨幣政策成為民主制度中的穩定軸心。從威瑪到臺灣，貨幣制度如果設計得宜，不僅可守住經濟底線，更能擴展國家在社會與政治層面的信任邊界。

貨幣是社會契約的試金石

威瑪共和教會我們最深刻的教訓在於：當貨幣崩壞，政府的每一項政策都會失去立足點。穩定的貨幣制度，不僅是通膨控制工具，更是社會預期與民主信任的載體。貨幣制度若失衡，不但損害經濟，更摧毀國家治理能力。對現代國家而言，守住貨幣穩定不只是技術任務，而是一項貫穿經濟、社會與政治的

結構性任務。只有真正理解貨幣背後的制度意涵，才有可能打造出穩健而韌性的治理結構。

第七節　戰後重建的金融難題

重建初期的信用真空

當地產抵押馬克穩定通膨後，德國社會雖逐步恢復表面秩序，但金融體系仍處於極度脆弱的狀態。銀行在通膨期間蒙受鉅額損失，資本充足率嚴重不足，民眾對儲蓄制度喪失信心，大量現金仍流通於實體市場，遲遲無法重返銀行體系。再者，許多企業雖恢復生產，但資金來源仍仰賴短期信貸或國外融資，無法支持長期投資與創新。整體而言，金融體系在貨幣改革後，僅止於暫時穩定，尚未實現真正意義上的信用修復與資源再配置功能。

銀行改革與監管制度的缺口

為因應重建需求，德國政府開始推動銀行重整，包括收收倒閉銀行資產、成立新型態商業銀行與合作信用機構，並擬定若干監理規則。然而，由於制度尚不健全，市場監管仍仰賴地方政府與私人組織自律，導致資金流向與風險監控極不透明。部分銀行在利益驅使下，仍持續進行高風險放貸與資產操作，

使得新秩序充滿結構性不穩定因素。此外,當時中央銀行尚未全面恢復對商業銀行的資本管控與政策指引,使得利率政策與信用擴張缺乏統一規範,容易產生資本錯置與信貸泡沫的苗頭。

國際環境的不確定與外部依賴

儘管道威斯計畫協助德國爭取國際信貸,但高度依賴美國與英國資金,也讓德國的經濟復甦進程遭受外部金融波動干擾。1920年代中期,美國進入信貸擴張與股市榮景時期,促使資金快速流向華爾街,削弱對歐洲的支持力道。對德國而言,一旦外資撤離或國際利率翻轉,復甦將陷入停滯。此外,國際對德賠款問題的反覆爭論,也加重德國經濟預期的不確定,難以建立長期金融規劃。這種「依賴性復甦」使得德國的重建缺乏自主性,隨時可能因國際政治與金融變動再次陷入衰退。

臺灣脈絡:戰後復甦的金融治理難題

1949年後的臺灣面對相似的戰後金融挑戰,新臺幣發行雖終止惡性通膨,但整體金融體系仍極為脆弱。許多銀行遭逢資產清算、民眾信心薄弱,資金多流向民間地下錢莊與實體交換。政府為重建秩序,啟動金融改革、整併金融機構與建立中央銀行貨幣政策架構,但初期同樣面臨信用重建、資源錯置與國際援助依賴的問題。若無穩定的內部制度設計與清晰的長期

第七節　戰後重建的金融難題

策略，復甦過程極易受全球金融與政治風向左右，難以培養韌性金融結構。

穩定之後，真正的挑戰才開始

威瑪共和的經驗顯示，貨幣改革僅是穩定的第一步，真正的挑戰在於如何重建金融中介功能、恢復儲蓄與投資間的信任橋樑。若無制度化的監理與政策連貫性，穩定本身只是短暫的幻象。對現代經濟體而言，穩定應當成為制度進化的起點，而非結束點。真正的戰後重建，不只在於幣值停止貶值，而在於建立起一個能抵抗下一波風暴的金融秩序。

第四章　一戰後的德國威瑪共和國：舊馬克之亂與惡性通膨

第五章
股災與蕭條：1929年與大蕭條的總體經濟瓦解

第五章　股災與蕭條：1929 年與大蕭條的總體經濟瓦解

第一節　美國股市的槓桿擴張與投機信心

華爾街繁榮背後的風險累積

1920 年代的美國經濟處於繁榮頂峰，汽車、電器、房地產與消費品帶動整體產值成長，股市更成為全民追逐財富的舞臺。道瓊指數自 1921 年起一路攀升，至 1929 年已翻倍數倍。不少人視股市為致富捷徑，無論是中產階級的家庭主婦還是新興白領階層，都紛紛投入資金。為了追求更高報酬，多數投資人透過「融資買股」的方式進場，即以少量現金加上高槓桿借貸方式購買股票。這種融資比例高達 80％甚至 90％的投資行為，在短期內催化市場上漲，卻也為後來的崩盤埋下風險種子。

投機狂熱與信心過剩的交互強化

在高度樂觀氛圍下，媒體、經紀商與企業齊聲唱好未來景氣。財經雜誌與報章報導充斥成功致富故事，促使投資人低估風險、誤以為市場會永遠上漲。股票價格不再反映企業基本面，而是投資人預期的無限延伸，導致市場進入自我強化的投機循環。知名經濟學家歐文・費雪（Irving Fisher）曾在 1929 年 10 月樂觀宣稱「股價達到永久性高點」，反映當時專業界也陷入過度信心的心理偏誤。這種集體誤判與放大預期的行為，是後來心理金融學所稱的「過度自信效應」，為系統性錯估風險的典型案例。

第一節　美國股市的槓桿擴張與投機信心

信用擴張與監管鬆散的雙重放大器

當時的銀行與金融機構也大幅參與股市操作，許多商業銀行將資金投入股票市場，甚至鼓勵客戶使用存款進行股票投資。聯邦儲備體系雖察覺泡沫風險，但在1920年代中期並未有效抑制信貸擴張，也未要求銀行強化風險準備金。部分州立銀行資本不足卻獲准從事高風險業務，導致信貸品質惡化。此外，缺乏金融商品監管與會計揭露機制，使得資金槓桿不透明，市場資訊極度扭曲。在制度上，當時美國尚無證券交易委員會（SEC），也無法規範上市公司資訊揭露，致使整體股市在無監管保護下快速失控。

臺灣經驗對比：1980年代末期的股市狂飆

臺灣在1980年代末期也曾出現類似情境，股價飆漲至萬點以上，融資買股盛行，民眾熱衷追逐短期利潤，資訊不對稱與市場操縱現象頻傳。許多散戶將退休金、房產資金投入股市，希望搭上財富列車，最終在1990年爆發股災，造成重大損失。這段歷史與1929年美國情境高度相似，顯示槓桿與投機並非特定時代或國家的現象，而是人類財富追逐心理下的結構性弱點。無論科技多先進、制度多現代，若無適當監理與風險教育，股市泡沫仍將週期性重演。

第五章　股災與蕭條：1929 年與大蕭條的總體經濟瓦解

■ 槓桿不是洪水猛獸，但需要制度邊界

1929 年美國股災的起點，正是槓桿與過度自信的結合展現。當信用工具被視為無盡資金來源，而市場信心成為唯一支撐時，崩潰只是時間問題。這段歷史教會我們，槓桿本身不是問題，關鍵在於是否有足夠制度框架限制其外溢風險。從政策角度來看，建立合理融資比率規範、加強資訊揭露、提升市場教育與防範系統性風險，是預防未來股災的必要條件。金融市場的繁榮，不該建立在無限擴張的信心之上，而應回歸制度與風險意識並重的基礎。

第二節　消費泡沫與中產階級的財富幻象

■ 信貸消費的普及與消費習慣的轉變

1920 年代的美國，不僅股市迅速擴張，消費市場也同樣蓬勃發展。在經濟成長與樂觀預期的驅動下，中產階級紛紛擁抱「買得起，就該買」的觀念。家用電器、汽車、家具等耐久性消費品成為家庭標配，許多產品提供分期付款或「先買後付」的信貸方案，使得家庭即使尚未儲蓄，也能輕鬆入手昂貴商品。這種消費信貸的普及，短期內刺激了生產與內需，但也迅速堆積龐大債務，為日後消費緊縮與經濟急凍埋下伏筆。消費文化從節制走向過度，表面上的富裕掩蓋了家庭財務風險的持續累積。

第二節　消費泡沫與中產階級的財富幻象

財富幻象的心理建構與媒體操弄

廣告、電影與報章媒體在此期間大力塑造美好生活的消費想像。報導中充斥著新房、新車與高科技電器帶來的「現代幸福」，形成一種「不消費就落伍」的社會氛圍。股市上漲帶來的紙上富貴，更進一步強化了這種財富幻覺：許多家庭雖收入有限，卻因股票帳面收益或房價上升而認為財務穩健，進而增加消費支出。這正是「財富效應」的具體展現，也是心理學中所稱的「錯誤信心偏誤」，即人們在面對看似增長的資產時，會高估自身經濟實力，導致過度支出與投資錯配。

收入結構失衡與貧富差距擴大

雖然整體經濟看似繁榮，但真正受益的多為高資產階層與資本擁有者。中產與工薪階層的實質薪資增幅有限，財富主要來自資產價格膨脹，而非穩健收入增長。許多家庭負債累累，卻以為自身邁入富裕生活。社會的消費榮景，其實建立在收入與支出的斷裂結構之上。經濟學家湯瑪斯・皮凱提（Thomas Piketty）指出，當資產報酬率長期高於經濟成長率時，社會將進入資本主導的「虛假成長」，中產階級陷入對未來的錯估與錯誤行為，進一步削弱整體經濟的韌性與分配正義。

第五章　股災與蕭條：1929 年與大蕭條的總體經濟瓦解

▪ 臺灣對比經驗：房價上漲與資產性消費謬誤

臺灣亦曾歷經類似「財富幻覺」情境。2000 年代以來，房價與股票市場快速上漲，使得中產家庭出現帳面資產成長，進而增加大型消費，如購車、裝潢或海外旅遊。但實質薪資停滯，加上高房貸與信貸負擔，使得許多家庭實際處於資金週轉壓力中。面對資產膨脹的榮景與實質收入不符的現實，若未有效控管風險與支出策略，極易重演 1929 年美國的財富幻象危機。這提醒我們，社會榮景不應僅靠資產膨脹支撐，而應建立在可持續收入與穩健消費的基礎上。

▪ 榮景之下，誰在「透支未來」？

1920 年代的美國經驗揭示，當社會大多數人都相信財富正在成長，便會忽略債務與風險的積累。消費泡沫不是單一市場問題，而是整體社會對未來經濟過度樂觀的投射。這種「集體透支未來」的行為，表面上看是繁榮，實際上卻是在掏空未來的穩定性。唯有透過健全收入分配、嚴格金融規範與有效的消費者教育，才能讓中產階級從幻象中走出，避免成為下一波經濟風暴中的最大受害者。

第三節 聯準會的觀望與「無作為」政策失誤

金融監理的空窗期與政策遲鈍

聯邦準備體系成立時間尚不長（1913 年創立，至 1920 年代尚未滿二十年），對快速變化的金融市場仍在摸索中。當股市高漲、信貸擴張不斷時，聯準會雖然內部多次討論風險問題，但未能有效制止銀行與經紀商的槓桿操作。其政策決策過程受到當時「自由市場自我調節」思潮影響，傾向認為市場最終會自行糾正價格偏誤，政府不宜過度干預。這種觀望與遲疑，使得聯準會在 1928～1929 年政策聚焦與傳導設計失當，未能有效抑制股票融資與投機槓桿。

政策工具的錯配與反向激化

即便在 1929 年初期，聯準會試圖透過提高貼現率來抑制過熱市場，卻未對金融機構的股票融資行為進行實質干預，導致資金依然流向股市。這種「工具錯配」的情況不僅無效，反而加劇市場預期的不穩定。許多銀行改以間接方式提供信用，融資市場轉向非正規通道，讓聯準會的措施形同虛設。更糟的是，當股災發生後，聯準會反而因擔憂通膨與國際金本位制度，而未即時注入足夠流動性，反加劇了市場恐慌與信用收縮的惡性循環。

第五章　股災與蕭條：1929 年與大蕭條的總體經濟瓦解

■ 危機處理的失靈與信用崩潰

1929 年 10 月崩盤當週，紐約聯準銀行其實有釋出流動性、協助市場穩定；真正廣泛的銀行擠兌與連鎖倒閉主要發生在 1930～1933 年間，而聯準會在這幾波銀行恐慌中整體行動不足、錯失最後貸款人的角色，才使危機惡化。這種政策失靈不是因為聯準會無能，而是因其缺乏明確法定權責與危機應對經驗。當時尚無存款保險制度，且監理權限分散於聯準會、財政部轄下的貨幣監理署（OCC）與各州主管機關；聯準會僅對加入體系的會員銀行具有限度監督，對多數州立非會員銀行與股票融資缺乏直接管制，致使整體金融體系因監理碎片化而顯得脆弱。信用崩潰蔓延至實體經濟，企業倒閉潮與失業率激增正式啟動「大蕭條」的惡性連鎖效應，突顯政策延遲與制度真空對金融市場影響之深遠。

■ 臺灣對照：2008 年金融風暴時的政策因應

2008 年金融危機爆發後，臺灣中央銀行與金融監理單位迅速啟動應對機制，包括降息、調整準備金率、穩定金融市場流動性等，與 1929 年美國聯準會的無作為形成鮮明對比。這反映出臺灣在制度學習與政策演化上已有明顯進步，理解到「金融危機不能等它自然恢復」，必須迅速行動、主動介入。同樣的教訓也促使全球多數央行強化其作為最後貸款人之責任與流動性管理工具，並建立更嚴格的宏觀審慎監理框架。

延遲的代價,是整個世代的崩潰

聯準會在 1929 年前後的無作為與政策錯估,最終將局部泡沫演化為系統性崩潰,其代價不僅是經濟指標的下跌,更是整整一代人的信心瓦解。這段歷史深刻提醒決策者:面對金融市場失衡,觀望等同於縱容,遲疑即是災難的開始。金融政策不僅需要專業與工具,更需要敏銳的時機判斷與制度備援能力。當制度設計無法與金融創新並進,政策遲緩將不再只是錯誤,而是一場全面性的失敗。

第四節　工業產出與失業循環的惡性連動

從需求崩潰到生產收縮的惡性循環

1929 年股災發生後,美國家庭與企業的資產價值瞬間蒸發,消費需求急遽萎縮。由於家庭財富受到股市重創,消費信心大幅下降,原本仰賴信貸擴張的購買模式戛然而止。這使得原本供應過剩的工業體系面臨嚴重銷售困難。汽車、家電、鋼鐵與建材等關鍵產業開始停工減產,連帶導致原物料需求與運輸業急速萎縮。供需結構的失衡不僅壓縮企業獲利,也讓資金鏈斷裂、裁員潮起,生產端與需求端進入一種相互強化的惡性螺旋。

第五章　股災與蕭條：1929 年與大蕭條的總體經濟瓦解

企業裁員與失業率的雪崩式上升

隨著企業營收驟降與資本市場凍結，大量企業為求存續只得裁減人力與暫停擴張計畫。根據美國勞工部數據，1930～1933 年間，美國失業率從 3% 上升至超過 25%，代表每四位勞工就有一位失去工作。農村人口則因糧價崩跌、負債沉重，被迫放棄土地遷徙城市，卻又找不到工作。這種「結構性失業」逐漸演變為長期性失業，勞動市場的功能嚴重失靈，也使得經濟政策的效果受限。失業問題不僅是經濟議題，更直接衝擊社會穩定與公共秩序，形成心理與政治層面的全面危機。

社會支出減縮與救濟系統崩潰

大規模失業帶來的另一個後果，是政府財政壓力的急遽上升。稅收減少與支出增加形成結構性財政赤字，使得地方政府紛紛凍結公共服務、削減社福預算，甚至關閉學校與醫療設施。由於當時尚未建立有效的失業救濟制度與社會保險機制，數百萬失業人口陷入赤貧狀態。慈善組織與宗教團體雖盡力提供援助，仍無法應付全面性的社會需求。街頭出現大量流浪漢、臨時營地（被稱為「胡佛村」），並爆發多起抗議與暴動事件，顯示經濟崩潰的社會後果遠超出金融與生產體系本身。

第四節　工業產出與失業循環的惡性連動

臺灣經驗對照：失業與產能錯置的警示

2001 年網路泡沫與金融危機期間，臺灣亦面臨製造業轉型與中小企業倒閉潮所造成的失業高峰。大量藍領工人與中高齡族群失業，缺乏技能轉型與再就業機制，形成長期性勞動力空轉。同時，部分企業雖具產能，卻因需求萎縮與金融收緊而無法擴張投資，產能與人力錯置現象加劇。這一波經驗顯示，當政策未能同步處理生產與就業兩端問題時，經濟恢復力將受到重大限制。美國大蕭條的教訓，在今日仍具啟示：就業市場的穩定，是整體經濟復甦的基石之一。

沒有工資的消費者，終將摧毀供應鏈

大蕭條期間的惡性循環清楚揭示一項經濟鐵律：當工人失去薪資，企業也將失去顧客。生產與消費若無法互相支撐，經濟體系將陷入自我削弱的下行螺旋。這段歷史警示我們，政策設計不僅應針對企業端，也須同步修補家庭端的購買能力與就業信心。經濟是一個系統，任何一端崩潰都會牽連全局。唯有透過整合性的就業政策、社會保障制度與產業轉型支持，才能打破這類循環，建立可長可久的經濟韌性。

第五章　股災與蕭條：1929年與大蕭條的總體經濟瓦解

第五節　群體恐慌與市場交易流動性的崩潰

恐慌性心理如何掀起市場風暴

當股市在1929年10月出現連續性暴跌時，投資人不再根據基本面判斷，而是基於恐懼做出交易決策。心理學家所謂的「群體效應」（herd behavior）成為主導力量：一人賣出，眾人跟進，沒人願意成為最後接手者。此時市場已無理性參考架構，價格僅反映逃命速度。當新聞與耳語不斷渲染市場即將崩潰的氣氛時，即使企業基本面未變，股票價格仍急速下滑，成為金融史上最經典的「非理性拋售」案例。這證明在極端不確定性中，心理因素比經濟基本面更具影響力。

銀行擠兌與流動性斷鏈危機

隨著股市崩盤，市場信心破裂蔓延至銀行體系。由於當時美國尚無存款保險制度，當民眾看到股市崩潰、失業潮爆發，便懷疑銀行的資金安全，開始擠兌存款。1930～1933年間，美國超過九千家銀行倒閉，成千上萬人終生積蓄化為烏有。銀行為求生存，只能收緊放款、拒絕信貸，導致企業資金斷裂，訂單與生產全面停頓。這種流動性斷鏈並非來自實際資產消失，而是市場對風險無限放大、拒絕承擔，導致整體資本運作陷入癱瘓，資源無法有效分配，經濟活動完全停滯。

第五節　群體恐慌與市場交易流動性的崩潰

交易所停擺與價格資訊的斷裂

恐慌持續發酵下，1933 年 3 月全國銀行休假（Bank Holiday）期間，紐約證交所自 3 月 6 日至 14 日暫停交易，並於 3 月 15 日復市。停市確實使價格連續性中斷、資訊傳遞受阻，短期削弱了市場的價格發現功能；但在銀行體系獲得緊急立法與重整後，復市當日股價大幅反彈，顯示信心出現階段性修復。需要注意的是，停市本身會累積「價格跳空與流動性風險」──市場雖然存在，卻因報價與成交中斷而難以合理定價。對整體金融體系而言，透明與流動性是信心的基石，一旦喪失，穩定性便會受到實質侵蝕。

臺灣觀察：2020 年疫情初期的市場恐慌

2020 年 COVID-19 爆發初期，臺股曾於短短數週內重挫超過二成，民眾恐慌情緒蔓延，類似群體性非理性拋售再次上演。不論企業營運是否受疫情波及，股價仍遭波及重挫。許多投資人錯估風險、跟風殺出，也出現部分投資型保單與 ETF 資產瞬間流失的現象。所幸當時金管會與中央銀行及時出手，透過保證流動性、控盤安定機制與政策溝通，快速穩定市場信心，才避免失控局面。這反映出：現代金融市場仍深受情緒驅動，若無穩定制度設計，歷史仍將重演。

第五章　股災與蕭條：1929 年與大蕭條的總體經濟瓦解

信心崩潰，比資產損失更具殺傷力

1929 年金融風暴告訴我們，一旦群體心理失控，價格機制就會失靈，金融體系即便資產仍在，也無法運作。真正造成經濟毀壞的，不是價格波動本身，而是失去信心的市場參與者。現代金融監理體系若要有效穩定市場，不能僅依賴數據與制度，更必須理解投資人行為、心理預期與群體反應。市場是人組成的，不只是報表與模型。守住信心，就是守住經濟體系最後的堡壘。

第六節　金本位的失靈與國際清算體系的瓦解

金本位制度的穩定幻象

20 世紀初的全球金融體系主要建立於金本位制度，也就是貨幣價值與黃金直接掛鉤。這套制度理論上提供了貨幣穩定與國際貿易清算的機制，讓各國在黃金作為共同標準下得以換算貨幣與調節國際收支。然而，這套制度假設各國經濟成長與黃金儲備同步變化，但 1920 年代以來，隨著貿易失衡、美國黃金儲備集中，加上戰後重建支出與金融擴張失控，導致金本位實質上失去調節能力，反成為貨幣政策的束縛。各國央行為維護金本位而被迫升息或壓抑信貸，進一步惡化內部經濟，埋下危機爆發的制度伏筆。

第六節　金本位的失靈與國際清算體系的瓦解

美國與歐洲的黃金失衡與資本倒流

在 1920 年代，美國因一次大戰後的貿易順差與金融優勢，不斷累積黃金儲備，形成全球性資本集中。歐洲各國為維持金本位，必須不斷將資金流回美國，導致本國信貸緊縮與經濟成長受限。這種結構性失衡形成資本流動的「單向通道」，在 1928～1929 年聯準會先為抑制投機而升息、1929 年股災隨後爆發，又於 1931 年為捍衛金本位再度緊縮之後，英國在 1931 年 9 月黃金外流壓力下退出金本位；德國 1931 年夏起以外匯管制與暫停兌換實質上脫離金本位；但法國在 1930～1932 年間反而累積大量黃金並留在「金塊集團」，直到 1936 年才放棄金本位並貶值。這種倒流現象不僅使得國際金融秩序失序，也讓各國難以應對外部衝擊，陷入對貨幣政策的兩難選擇。

國際清算體系的崩潰與孤立主義興起

隨著金本位制度瓦解，國際貿易清算變得無所依據，許多國家為維持本國貨幣與出口競爭力而開始貶值貨幣、實施資本管制與提高關稅壁壘。這種「以鄰為壑」的政策不僅未能解決本國經濟問題，反而引發全球貿易急凍與貨幣戰爭。國際合作機制全面崩潰，取而代之的是一國自保的孤立主義。經濟政策失去全球協調空間，使得各國經濟互相拖累，危機從金融蔓延至政治與外交層面，最終演變為 1930 年代保護主義浪潮與區域對立局勢。

第五章 股災與蕭條：1929 年與大蕭條的總體經濟瓦解

▍臺灣觀點：匯率制度與國際貨幣的穩定挑戰

當代臺灣亦面臨類似挑戰，在國際資本流動快速與美元霸權地位下，如何維持新臺幣穩定與貿易彈性，是貨幣政策的長期課題。1997 年亞洲金融風暴即顯示，一旦匯率制度過於僵化、資本帳過於開放，將難以抵禦熱錢衝擊與資金外逃。反之，若過度干預匯市或陷入貨幣競貶，也將失去國際信用與貿易信任。從金本位的崩潰經驗可知，國際清算制度需要不僅靠黃金或美元作為支撐，更需要制度性協調與資訊透明的全球治理架構。

▍失去彈性的制度，是最危險的穩定裝置

金本位制度曾被視為最堅實的貨幣穩定機制，卻在危機中顯現出其僵化與反應遲鈍的結構問題。真正的穩定，不在於制度本身是否堅固，而在於制度是否具備適應與修正的能力。全球金融體系若無法容納變動中的現實，最終將從內部崩解。對現代社會而言，制度設計應保留足夠彈性，避免陷入僵化教條，才能在不確定性中維持秩序與合作。

第七節　大蕭條教會我們的五件事

一、政策反應速度決定經濟傷害程度

大蕭條突顯出一個殘酷現實：政策反應若過慢，原本可控的金融動盪將轉化為全體經濟的崩壞。聯準會的觀望與縮手，錯過最佳介入時機，使得銀行倒閉與資金枯竭蔓延至整個產業鏈。這提醒當代決策者，面對金融市場的瞬息變化，延遲就是災難的放大器。從現代金融史的角度來看，有效的危機管理須在第一時間做出明確行動，而非等待市場自行修正。

二、貨幣政策與財政政策須聯手合作

大蕭條前期，美國聯準會未能有效擴張貨幣供給，而政府也遲遲未進行財政刺激，使得需求不足問題無法緩解。直到富蘭克林．羅斯福推動新政，大規模公共支出與基礎建設計畫才開始扭轉頹勢。這段經驗讓現代經濟學者普遍接受一項共識：單靠貨幣寬鬆難以救市，必須配合財政政策積極介入，創造就業與穩定預期。協同作戰，才是對抗經濟衰退的關鍵。

三、信心管理是經濟穩定的核心工程

1929 年股災後，群體恐慌迅速擴大，使金融市場與消費行為崩解。這不只是經濟問題，更是心理問題。人們對未來沒

有信心時,將不再投資、不再消費。現代中央銀行與監理機構已意識到信心穩定的重要性,不僅發布政策,更主動與市場溝通,釋出未來方向。從美國聯準會的「前瞻指引」到臺灣中央銀行的公開說明會,都是「信心治理」的新形式,目的就是讓政策與市場情緒保持同步。

四、金融監理制度需具備預防性設計

大蕭條之前,美國缺乏統一的金融監理機構,商業銀行與證券市場混為一談,加上資本槓桿無上限,造成泡沫無人制止。直到1933年《格拉斯－斯蒂格爾法案》分離商業與投資銀行並創設FDIC存款保險;而證券的資訊揭露與持續管制分別源自《證券法》(1933)與《證券交易法》(1934,並設立SEC)。這提醒我們,監理機制若僅在危機後補破網,永遠趕不上市場創新。真正有效的金融監管應提前布局、持續監測、具備彈性與自我進化能力,才能面對複雜多變的金融體系。

五、就業政策與社會安全網不可或缺

大蕭條中,失業率飆升至25%,而當時缺乏失業保險、醫療補助與基本生活保障,導致社會秩序幾近瓦解。這也催生了美國現代社會福利制度的雛形,包括社會安全帳戶、聯邦就業計畫與醫療援助。對臺灣而言,這點尤具參考價值。隨著人口

老化與產業轉型,若無法強化就業轉型支持與建立全面性社會安全網,當經濟風險來臨時,社會將缺乏足夠的緩衝區。

歷史從不重演,但常會押韻

大蕭條雖已遠去,但其所揭示的經濟脆弱性、制度局限與人性恐慌,至今仍持續發生。從 2008 年金融風暴到 2020 年新冠疫情,歷史教我們,每一次危機都是對制度設計與治理韌性的測試。真正的智慧,不是預測風暴,而是提早打造足以承受風暴的體系。大蕭條留下的教訓,是現代經濟政策的核心參考,也是每一個國家不能忘卻的歷史記憶。

第五章　股災與蕭條：1929年與大蕭條的總體經濟瓦解

第六章
戰爭與貨幣的雙重危機：
中國法幣危機與臺灣舊臺幣通膨

第六章　戰爭與貨幣的雙重危機：中國法幣危機與臺灣舊臺幣通膨

第一節　戰時經濟與國民政府的貨幣政策

戰爭開支的無底深淵

抗日戰爭爆發後，國民政府面臨龐大的軍事開支壓力。由於稅收無法應付戰時支出，加上外援有限，政府轉而大量發行紙幣──法幣，作為填補財政缺口的主要工具。這種無節制的貨幣發行，雖短期內紓解財政燃眉之急，卻為後續的通膨與信任危機埋下禍根。戰時經濟往往以「總動員」為口號，然而缺乏穩健財政機制，最終讓經濟失衡成為戰爭另一場隱性戰場。

國民政府的貨幣發行邏輯與政治考量

法幣原設計為統一中國貨幣體系、取代銀本位制度的重要改革工具。然而，隨戰事持續惡化，法幣逐漸變成「戰爭紙票」，其發行已不再由經濟規律主導，而是由戰時需要與政治需求所推動。中央銀行與財政部門的協調日益薄弱，貨幣政策淪為政治妥協與資金募集的副產品。當政府失去控制貨幣價值的能力時，法幣的信用隨之崩潰。

戰爭經濟體制下的資源錯配

戰爭時期，中國經濟轉向軍事與政府部門集中，民間資源遭到大量徵用與徵購。企業與農村生產受到嚴重干擾，加上交

第一節　戰時經濟與國民政府的貨幣政策

通與市場體系中斷,導致商品供應短缺,價格飆漲。貨幣供給激增,卻無實體商品對應,加劇市場對法幣的排斥心理。民眾開始囤積物資、拋售法幣,轉而以銀元、黃金或外幣交易,進一步削弱法幣流通功能,使通膨與信心危機惡性循環。

臺灣脈絡下的戰後延續性問題

1945年戰後臺灣回歸中華民國治理後,政府並未在臺全面導入法幣;1946年由臺灣銀行發行「臺幣」(後稱舊臺幣),以1:1將日治時期的臺灣銀行券(臺灣圓)兌換為臺幣。然而,彼時中國本土的法幣已高度貶值、信用受損;在戰後物資短缺與輸入性通膨壓力下,社會對官方幣制的信任偏低。隨著戰後物資短缺與通膨壓力加劇,臺幣在臺迅速失去實質購買力,導致民間物價暴漲、交易改用實物與外幣替代。至1949年,政府為遏止惡性通膨與穩定金融體系,推動貨幣改革,發行新臺幣並宣布以舊臺幣4萬元兌換新臺幣1元,藉此重新建立社會對貨幣制度的信任。

貨幣是國家治理能力的試金石

國民政府在抗戰期間的貨幣政策顯示,當貨幣政策不受專業機構主導,任由政治需求操控,最終必然導致信任崩潰與經濟危機。戰爭可以毀滅一座城市,但失控的貨幣更會摧毀一個社會的交換秩序與心理信心。對後來的貨幣制度演化而言,1944

第六章　戰爭與貨幣的雙重危機：中國法幣危機與臺灣舊臺幣通膨

年前後的法幣經驗，是一堂極為深刻的反面教材，也是臺灣後來重建金融體系時的重要參照依據。

第二節　美國白銀政策衝擊下的中國白銀外流

白銀本位下的中國經濟運作邏輯

在 1930 年代初期，中國仍維持銀本位體系，即貨幣價值以銀元或白銀重量作為依據。這種制度對穩定物價與民間信心有其優勢，特別是在鄉村地區，銀圓仍是主要的交易媒介。然而，這也使中國的貨幣體系極度依賴全球白銀價格波動與供給穩定性，尤其受美國政策影響。當全球市場白銀價格上升時，中國白銀遭大量熔鑄外流，導致貨幣供給收縮，市場現金嚴重不足，進而引發經濟活動萎縮與地方信貸緊縮。

美國白銀法案的全球外溢效應

1934 年，美國通過《白銀購買法》(*Silver Purchase Act*)，規定美國政府以高於市價的價格大量收購白銀，目的是穩定國內白銀市場並滿足農業與礦業州的選民需求。此舉雖為美國內政考量，卻意外對中國經濟造成重大衝擊。由於中國白銀價格低於美國收購價，國際銀商與走私者紛紛將中國白銀轉移至美國

第二節　美國白銀政策衝擊下的中國白銀外流

市場套利。短短數月內，中國銀元大量外流，導致市面銀根緊縮，貨幣基礎快速萎縮，經濟活動遭受嚴重打擊。

貨幣體系動搖與政府應對失衡

白銀外流導致的流動性危機，迫使國民政府不得不考慮轉型貨幣制度。1935 年 11 月，國民政府（行政院）宣布幣制改革，廢止銀本位、改行法幣；發行由中央銀行、交通銀行、中國銀行（後加入農民銀行）共同承擔。然而，這一轉變並非建立在制度與信任鞏固之上，而是在白銀外流導致貨幣真空的逼迫下所做出的急就章。改革實施過程中缺乏監管與配套措施，銀行體系未即時轉軌，民眾更對新貨幣信心不足，使得法幣在一開始便處於不穩基礎上運作。

臺灣影響與制度轉接困難

儘管當時臺灣尚在日本殖民統治下，未直接受白銀外流影響，但 1945 年後國民政府接收臺灣並推行臺幣制度時，所繼承的正是這段白銀崩盤後的脆弱制度體系。此脈絡下的臺幣不僅無金屬本位支撐，也無國內足夠信任作為後盾。因此，臺幣一登臺即迅速貶值，為後來的新臺幣改革鋪下制度與心理層面的前奏。從白銀外流到臺幣接手，再到惡性通膨與換幣改革，臺灣經濟體系幾乎重演一次中國大陸的失序貨幣史。

第六章　戰爭與貨幣的雙重危機：中國法幣危機與臺灣舊臺幣通膨

全球政策如何牽動在地貨幣危機

美國的白銀政策原屬內政操作，卻因美元霸權與全球貿易影響力，直接導致中國白銀外流與經濟危機。這一事件清楚顯示，在全球金融體系尚未完善之前，各國的貨幣政策極易形成外溢效應，進而傷害他國經濟穩定。對後來的金融全球化時代而言，中國白銀外流是典型的「輸入型金融風暴」範例，也提醒臺灣與其他中小型經濟體，在設計貨幣制度與國際政策回應時，必須同時顧及外部依存性與內部體質韌性。

第三節　法幣失控與惡性通膨的來臨

無限制發行的貨幣崩壞序曲

1935 年法幣取代銀本位制度後，初期尚能維持基本流通，但隨著抗戰全面展開，政府為籌措龐大軍費與行政支出，開始無限制印製法幣。貨幣供給的暴增，遠遠超過實體經濟成長速度，導致市場上貨幣氾濫，物價飛漲。至 1947～1948 年，法幣在多數地區已難以充當有效交換媒介，交易大量轉向外幣、黃金與實物。基本民生商品價格按天飆升，薪資卻跟不上漲幅，形成經濟上所謂的「惡性通膨」結構。

第三節　法幣失控與惡性通膨的來臨

政府干預失靈與市場信任崩潰

面對通膨壓力，國民政府曾實施價格凍結、限價政策與民間囤積取締行動，卻因執行力薄弱與黑市猖獗而收效甚微。當政府的控制措施無法壓住物價，反而進一步破壞市場機制，導致商品供應更趨緊縮，流通系統崩潰。銀行與商家不再接受法幣，民眾也將存款大量提領換購實物，金融系統陷入流動性危機。法幣的失敗，不僅是貨幣政策錯誤，更是整體治理信任體系的瓦解結果。

薪資、儲蓄與日常交易全面扭曲

在法幣全面貶值的背景下，薪資調整速度遠不及物價飆升速度，使得勞工實質所得持續下滑。許多民眾即便持有現金，也因物價飆漲而陷入無法購買基本生活品的困境。銀行儲戶原本多年積蓄一夕間變為無用紙張，社會財富重分配加劇，貧富差距急遽拉大。部分特權階層得以透過外幣或實物保值而保住財產，普通家庭則陷入絕對貧困與生存危機。整體社會陷入高度不信任，交易轉向以物易物與走私市場為主流形式。

臺灣經驗：物價暴漲與社會動盪的重演

1945 年起臺幣在臺灣流通，但隨著戰後重建遲緩與大陸通膨壓力傳導，臺灣同樣陷入惡性通膨漩渦。據統計，1946 ～ 1949

第六章　戰爭與貨幣的雙重危機：中國法幣危機與臺灣舊臺幣通膨

年間，臺灣米價上漲超過數百倍，生活成本遠超過薪資調整幅度。民眾為躲避臺幣貶值風險，轉向購買黃金與外幣，或囤積白米等生活必需品，進一步擾亂市場供需秩序。當經濟活動逐漸淪為價格猜測與投機行為，實質生產與就業遭受重大打擊，也為之後的貨幣改革埋下社會心理基礎。

當貨幣失去信任，整個社會跟著瓦解

法幣惡性通膨的案例告訴我們，貨幣不是印出來的價值，而是人民對政府財政能力與治理能力的信任總和。一旦政府失去誠信，印鈔無法彌補赤字，只會加速崩潰進程。當貨幣喪失穩定與公信力，所有經濟關係都將被扭曲，社會將從信任經濟倒退為原始交換，最終動搖整個國家的經濟基礎與治理正當性。這也是日後新臺幣改革強調穩定與稅收基礎的核心原因。

第四節　金融體系崩潰與銀行倒閉潮

銀行信任基礎的全面瓦解

隨著法幣惡性通膨持續，銀行體系面臨前所未有的信任危機。民眾擔心法幣貶值速度過快，開始大量提領存款，導致金融機構現金儲備急劇下降。銀行無力兌現，儲戶恐慌蔓延，擠兌潮成為日常現象。銀行信任基礎一旦動搖，原本正常的資金

第四節　金融體系崩潰與銀行倒閉潮

流動與存貸結構便無以為繼,進一步引發連鎖性倒閉潮。這種信用流失不只是金融問題,更直接反映了政府治理能力在貨幣與財政政策上的全面崩解。

金融機構資產迅速惡化

在通膨失控與市場信任崩潰的雙重壓力下,銀行資產迅速惡化。原本作為抵押的法幣與債權迅速縮水,實質資產價值幾近歸零。企業與家庭無法償還貸款,導致銀行呆帳率飆升,資本適足率嚴重不足。再加上政府要求銀行強制購買公債,形成「以虛養虛」的資產結構,金融機構從內部瓦解。這種資產結構的脆弱性,證明金融穩定並非僅靠監理制度,更仰賴整體經濟環境與貨幣政策的健全性。

貨幣功能崩潰與信用體系空轉

銀行的信用基礎失守後,貨幣不再具備「價值儲存」與「支付媒介」的功能。此時的法幣無法支持金融交易與儲蓄行為,市場轉而依賴黃金、銀元與外幣進行日常支付與資產配置。原本的信用體系遭到徹底破壞,金融市場陷入空轉。資金未能進入實體經濟,反而推升投機行為與資產泡沫,導致經濟更難復原。政府雖設法透過行政命令強制穩定貨幣與金融秩序,但在缺乏市場信任與實質支撐下,所有舉措終告失敗。

第六章　戰爭與貨幣的雙重危機：中國法幣危機與臺灣舊臺幣通膨

■ 臺灣脈絡：地方銀行倒閉與金融信任重建困難

臺灣在臺幣流通初期，同樣面臨金融機構信任崩潰問題。大量鄉鎮信用合作社與地方銀行無力應對擠兌壓力而倒閉，民間轉向黃金與美金為交易工具。臺灣銀行作為唯一發行機構，面對社會對舊臺幣的強烈不信任，也無法遏止市場動盪。政府為重建信任，最終決定於 1949 年進行貨幣改革，並藉由新臺幣發行、新設法定儲備比例與加強金融監理來穩定體系。這段歷史成為臺灣日後建立中央銀行制度與銀行體系穩健運作的起點與教訓。

■ 失序的金融體系，是經濟失衡的加速器

法幣崩潰與銀行倒閉潮的雙重打擊，讓我們清楚看到一個事實：貨幣若無信用，銀行再多也只是空殼。金融體系不是孤立存在的，它依賴整體社會對貨幣、政府與市場的信任。一旦信任斷裂，最基本的存貸與交易行為都無法維繫。穩定的貨幣制度與金融監理架構，不只是經濟繁榮的基石，更是社會信任與國家治理韌性的具體展現。

第五節　臺幣改革與新臺幣的誕生

1949 年全面崩潰下的改革契機

1949 年初，中國大陸已全面陷入戰爭與惡性通膨交織的混亂局面，臺灣也面臨臺幣體系全面失效的危機。人民對臺幣毫無信任，物價每天翻漲，社會動盪不安。為防止臺灣經濟體系步上大陸覆轍，國民政府在 1949 年 6 月決定推動重大貨幣改革，宣告停止舊臺幣流通，改以新臺幣為法定貨幣，重新建構一個能夠支撐經濟運作的金融體系。這場改革，不只是技術操作，更是信任重建與治理重設的關鍵轉捩點。

新臺幣制度設計與兌換機制

新臺幣的發行，由臺灣銀行統一負責，設計上強調法定儲備與發行規模控管，建立更嚴格的財政紀律與中央管控機制。政府採取極端方式，一方面對臺幣持有量設限，另一方面以 40000：1 的比率將舊臺幣兌換成新臺幣，藉此直接消滅過去過剩的流通量。初期每人限量換取新臺幣兩百元，嚴格限制投機行為與非法資本避風港。這種「硬著陸式」的改革雖帶來短期震盪，卻為經濟穩定打下制度性基礎。

第六章　戰爭與貨幣的雙重危機：中國法幣危機與臺灣舊臺幣通膨

市場回應與信心回流

新臺幣推行初期雖遭遇信任不足的質疑，但隨著政府採取穩健財政政策、限制公債發行並強化稅收機制，加上大規模查緝走私與金融違規行為，社會對新貨幣的信心逐步回升。物價漸趨穩定、交易回歸正常，民眾不再將資金全部轉向黃金與外幣。各類民生物資價格終於脫離惡性通膨軌道，商業信用與金融秩序逐步恢復。對當時的臺灣而言，新臺幣不只是新貨幣，更是「重新恢復秩序」的象徵符號。

金融制度的現代化起步

新臺幣改革後，政府推動一系列金融現代化工程，強化中央銀行與發行機構的分工（中央銀行於 1928 年已成立，1961 年起復行在臺營業；此前多由臺灣銀行兼行部分央行職能），並加強金融監理法規，配合價格穩定與配給等措施。1950 年代起，臺灣逐步建立起國庫與金融分離制度、設置外匯管制制度與公營金融體系，構成一個更具現代感與可調適性的貨幣與金融管理結構。新臺幣因此也成為戰後臺灣經濟快速發展與產業起飛的基礎動能，其制度效力遠超過單純的換幣操作。

新臺幣不是換來的，是信任重建的成果

新臺幣之所以能成功取代臺幣，不是單憑一紙命令或技術兌換，而是仰賴整體政策配套、政府信任修復與市場信心回

復。從惡性通膨的廢墟中誕生的新臺幣,是臺灣經濟秩序重建的起點,也是制度與信任雙重修復的範例。這場改革證明了:貨幣制度的穩定,絕非單一工具所能達成,而是整體治理品質的總體反映。

第六節 從法幣到金圓券:治理措施的成敗

金圓券改革的歷史背景與動機

在中國大陸,法幣在 1947 年前後已淪為無實質購買力的紙張,國民政府為挽救信用體系與抑制通膨,於 1948 年推動金圓券改革。改革目的在於取代法幣、壓縮貨幣基數與重建財政紀律。根據設計,金圓券應具備黃金儲備支持與發行上限,並透過法定政策強制收回市面流通之法幣。然而,改革過程因準備不足、執行粗糙與信任破裂,反而造成更大規模的經濟混亂與社會不安,最終導致改革以失敗收場。

政策落實與通膨惡化的惡性循環

金圓券改革一開始即伴隨大量物價管制、罰則與財產凍結措施,試圖以強制手段壓制通膨預期。但因政府自身財政赤字未獲改善,仍持續透過發行金圓券來融資支出,導致市面流通貨幣總量不減反增。民眾普遍不相信金圓券背後有實質儲備支

持，因此拒絕接受其價值。黑市興起、以物易物再度普及，改革成為名存實亡。短短幾個月內金圓券貶值數百倍，通膨情勢比法幣時期更為嚴峻。

金圓券與新臺幣的制度分野

相較之下，臺灣推行的新臺幣改革則由單一區域實施、制度規劃與執行更為嚴謹，並配合實質稅收改革與價格穩定政策，加上地緣與戰略條件差異，使其成功重建貨幣信任。金圓券的失敗讓國府在轉進臺灣後深刻意識到，任何貨幣改革不能僅憑命令推行，而必須搭配資金準備、物資供應與市場溝通。臺灣的新臺幣改革吸取金圓券教訓，在制度面強調穩定性與透明度，才得以建立長期信任。

社會心理與政治信任的缺口

金圓券改革的重大失敗也揭示出政治信任對貨幣制度的根本性影響。當時的中國大陸已陷入全面性內戰與政治不穩，政府在民間缺乏正當性與信任基礎。即便制度設計合理，但缺乏可長期履行的執行機制與社會支持，也無法建立任何形式的貨幣信用。反觀今日任何重大政策推行，若未處理集體心理預期與民意認知，將極易陷入「制度空轉」的困境，重蹈金圓券覆轍。

貨幣改革成功與否，取決於整體治理結構

金圓券與法幣的更替，是一次從技術性措施走向全面治理危機的典型例子。這場改革失敗，並非因為政策本身全然錯誤，而是缺乏整合式規劃與制度支撐。在貨幣改革的過程中，最關鍵的並非更換幣名或限制持有，而是建立足以支撐改革的財政紀律、社會信任與資源調配機制。臺灣之所以成功，正因其從金圓券的失敗中深刻學習，理解貨幣改革的根本是治理，而非僅僅是兌換。

第七節　中國法幣危機的深遠影響

貨幣信任崩潰對民眾心理的長期創傷

中國法幣危機不僅是一場經濟與制度性的崩壞，更在民間留下深遠的心理陰影。經歷通膨與貨幣貶值的人們，對政府與金融體系喪失信任，形成「現金即風險」的集體認知。許多家庭選擇以實物資產如黃金、白銀或不動產作為主要儲蓄形式，金融工具的普及受到極大限制。這種信任斷裂延續至戰後年代，影響臺灣與華人世界的投資行為與理財習慣，許多臺灣家庭至今仍偏好持有實體資產，正是歷史創傷的延伸結果。

第六章　戰爭與貨幣的雙重危機：中國法幣危機與臺灣舊臺幣通膨

國家治理正當性與財政誠信的考驗

　　法幣危機動搖了國民政府的治理正當性，使民眾普遍質疑政府是否具備穩定經濟與保障財產的能力。貨幣作為國家信用的具體化，當其價值每日貶損，等同宣示國家已無能力保障人民的基本生活。這使得政治治理與經濟治理產生直接連動，任何經濟失控皆被視為統治失敗。當代國家若想維持治理穩定，必須高度重視貨幣與財政的誠信管理，否則政策再正確也難以獲得社會支持。

財政赤字與中央銀行獨立性的歷史啟示

　　法幣與金圓券的失敗顯示：當中央銀行遭政治壓力操控，無法獨立執行貨幣政策時，金融體系易被用作短期融資工具。這樣的體制安排不僅削弱貨幣穩定，也導致預算紀律喪失。臺灣日後中央銀行的制度設計，便在於強化其政策獨立性與抗干預能力，透過制度化運作守住貨幣穩定底線。從歷史看來，中央銀行的獨立性並非技術議題，而是國家長期治理與經濟健康的基石。

臺灣經濟治理模式的制度轉向

　　經歷法幣與金圓券失敗的歷史創痛，臺灣於 1950 年代開始全面改革財政與貨幣體系，導入預算平衡原則、強化稅收制

度並限制預算赤字。此外,也建立更嚴格的審計與會計制度,讓公共資源流向更透明化與制度化。這些改革成為日後臺灣經濟起飛與金融穩定的重要支柱。若無這段危機教訓,恐怕難以催化出如此制度性變革,也無法建立起政府與市場之間的穩定信任。

貨幣崩潰不只是經濟事件,而是國家治理的警鐘

中國法幣危機留下的教訓清楚揭示:貨幣制度的崩潰最終將連動社會秩序與政權穩定。通膨不只是價格現象,而是政治與社會制度信任破裂的展現。因此,治理者面對財政壓力與貨幣決策時,必須時刻記住:一張紙鈔的價值,背後是整個國家信用的集體承諾。若這份承諾失效,任何經濟模型都將失去意義,真正影響的,是整個國家的生存邏輯與未來發展。

第六章　戰爭與貨幣的雙重危機：中國法幣危機與臺灣舊臺幣通膨

第七章
石油與貨幣：
1973年石油危機的金融後果

第七章　石油與貨幣：1973年石油危機的金融後果

第一節　OPEC減產與黑金武器化的開始

石油成為地緣政治的槓桿工具

1973年，石油不再只是工業燃料，而變成全球經濟與地緣政治的籌碼。當年10月爆發第四次中東戰爭，阿拉伯石油輸出國組織（OAPEC）在第四次中東戰爭後決議對美國與部分西歐國家實施石油禁運，並配合減產；OPEC亦於同期間協調提價，使油價自約每桶3美元上調至逾11美元，掀起第一次石油危機。舉象徵石油自此不再是市場商品，而是成為國際政治壓力的工具，並開啟了「黑金武器化」的新紀元。

OPEC的組織崛起與價格操控力道

OPEC原成立於1960年，起初只是一個協調出口配額與政策的鬆散組織。但隨著石油成為全球經濟命脈，成員國逐漸發現掌握產量就能影響價格與全球經濟循環。1970年代初，OPEC集體提升議價能力，並嘗試擺脫對西方石油企業的依賴，開始國有化資源與設立主權基金。這些措施不只改變能源市場結構，更讓中東產油國得以透過「產量聯合控制」影響世界經濟節奏，成為名副其實的經濟戰略主體。

第一節　OPEC 減產與黑金武器化的開始

能源依賴與已開發國家的脆弱性

石油禁運直接揭示了美國與西歐經濟的能源依賴程度。戰後經濟成長與汽車工業發展，使得能源需求飆升，進口石油占比劇增。禁運實施後，歐美國家陷入油荒，出現排隊加油、燃料配給等現象。供應中斷導致運輸成本上升、工廠停工與通膨加劇，經濟由繁榮轉入衰退。這突顯出當代高度工業化社會在原物料集中依賴下的脆弱結構，也迫使各國重新檢視能源政策與外交戰略布局。

臺灣的能源危機應對策略

面對石油危機，臺灣也深受衝擊。當時臺灣高度依賴進口能源，油價上漲直接推升生產成本與民生物價。政府立即啟動節能措施，包括實施油品配給、限制車輛使用與推動節能宣導。同時，也開始著手能源結構多元化，積極發展電力、水力與核能等替代方案。這場危機成為臺灣能源政策轉型的重要契機，讓政府認知到不能將能源安全完全寄託於國際市場，並開始考慮建立戰略儲備與產業升級方向。

能源政治進入主權對抗的新時代

OPEC 的減產與石油禁運行動揭開能源政治化的序幕，石油不再只是商品，而成為主權國家間博弈的重要籌碼。這場危機

第七章　石油與貨幣：1973 年石油危機的金融後果

提醒世界，經濟安全與能源安全密不可分，治理者不能僅依賴市場邏輯，更要有政策彈性與外交戰略。1973 年的石油危機是一次全球經濟體系的壓力測試，也為之後的能源改革、通膨治理與國際協調奠定了深遠的警示與基礎。

第二節　通膨螺旋與石油美元體系建立

石油價格暴漲引爆全球性通膨

1973 年石油危機之後，能源成本迅速飆漲，各國生產、運輸與民生消費全面受衝擊，導致一波波通貨膨脹浪潮席捲全球。美國當年消費者物價指數（CPI）年增率達到 8.7%，德國高達 7%，許多開發中國家甚至突破 20%。由於油價影響範圍遍及所有產業，價格壓力滲透至各層級供應鏈，引發「成本推動型通膨」循環。企業為維持利潤，不斷將成本轉嫁至終端消費者，而勞工為應對物價上升也要求加薪，結果形成「薪資－物價螺旋」，加深通膨結構性根源。

經濟停滯與高通膨並存的「滯脹」困境

傳統經濟學主張，通膨發生時伴隨總體需求過熱，應採取緊縮貨幣與財政政策。但石油危機打破這一邏輯，呈現出經濟成長停滯與物價飛漲同時發生的罕見局面，學界稱之為「滯脹」

(stagflation)。失業率居高不下,企業不敢投資,但生活成本持續飆升,導致社會不滿與政策兩難。央行若升息壓制通膨,恐打擊本已疲弱的經濟;若繼續寬鬆,又將助長物價上漲。這種困局首次挑戰凱因斯學派主導的政策框架,催生出後來的新古典主義與貨幣學派影響力。

石油美元體系的誕生與美元霸權重建

在全球紛亂之際,1974～1975年間,美國與沙烏地阿拉伯等產油國建立安全與金融合作安排,並在OPEC框架下鞏固以美元計價結算石油的做法;此一「石油美元」機制在布列敦森林制度瓦解後,強化了美元的國際儲備貨幣地位。此協議開啟所謂「石油美元體系」,全球購買石油者必須持有美元,進一步鞏固美元作為國際儲備貨幣的核心地位。儘管1971年布列敦森林制度瓦解、美國放棄金本位一度動搖美元信心,但石油美元安排補上了這項制度空缺,使美元從黃金掛鉤轉為石油掛鉤,完成全球金融秩序的再平衡。

資金回流與美債市場擴張

石油美元體系除重塑全球貨幣格局,也為美國資本市場注入強勁動能。由於石油輸出國獲得巨額貿易順差,需將多餘美元進行資產配置,主要投向美國國債與金融產品,形成「石油美元回流」。這不僅穩定美債市場,也擴大美元流動性,使美國政

第七章　石油與貨幣：1973 年石油危機的金融後果

府得以低利發債、持續擴張財政政策。對新興市場而言，這波資金潮既是投資機會，也帶來熱錢炒作與資本外流風險，為日後的債務危機埋下伏筆。

▍石油危機重構貨幣體系的分水嶺

1973 年石油危機不只是供需衝擊，更深刻改寫全球貨幣與金融體制。通膨螺旋揭示經濟模型的局限，石油美元制度則讓美國重新掌握全球金融話語權。這一轉變，意味著未來的金融穩定將更多依賴地緣政治安排與資本流動邏輯，而非純粹的市場均衡與金屬本位。對臺灣與其他依賴能源進口的國家而言，這場危機亦是調整經濟結構與強化財政韌性的重要警訊。

第三節　實體經濟與金融市場的斷鏈效應

▍供應鏈崩解與工業活動的急煞

1973 年石油價格暴漲後，全球工業體系首當其衝，能源成本劇增導致生產線無法維持原有速度與規模。汽車、鋼鐵、航空、航運與製造業均面臨燃料成本壓力，被迫削減產能與裁撤員工。全球多數已開發國家在短短一年內經濟成長急遽放緩，原本快速擴張的製造業出現停頓。這不只是供給側的震盪，更造成實體經濟運作鏈條的全面斷裂。

第三節　實體經濟與金融市場的斷鏈效應

能源依賴性高的產業遭遇斷鏈風暴

以汽車製造為例，原料成本與運輸支出翻倍增長，加上消費者信心下降，汽車銷量大幅下滑。日本、德國與美國三大汽車輸出國都面臨產業連鎖重組。同樣地，航空與海運因燃油費激增，票價與運價全面上調，使跨國供應鏈進一步受阻。這種實體流通的中斷，使得全球製造環節無法如往常般即時回應市場需求，造成多數商品短缺、庫存失衡與價格持續上漲。

金融市場信心崩盤與系統性波動

實體經濟的急凍直接波及資本市場。股票市場在石油危機後普遍出現重挫，道瓊工業指數從 1973 年初高點下跌超過 45%，引發長達一年半的熊市。投資人擔憂企業盈利下滑與失業率飆升，紛紛撤資觀望。銀行體系則因貸款違約率上升、企業倒閉潮擴大而產生壞帳問題，資本適足率受到嚴重挑戰，進一步削弱市場信心。這種由能源危機引發的連動效應，首次讓金融市場意識到對實體經濟依賴的高度敏感性。

臺灣出口導向經濟的反應與調整

臺灣於 1970 年代初期正值出口導向工業化起飛階段，石油危機帶來嚴重打擊。主要出口市場歐美需求驟降，加上進口石油成本翻倍，使得企業利潤空間壓縮，多數中小企業面臨資金

第七章　石油與貨幣：1973年石油危機的金融後果

鏈斷裂危機。政府除提供進口能源補貼與低利貸款，也積極推動產業升級計畫，將生產導向從代工製造轉向附加價值產品。同時強化本地替代能源與節能技術研發，讓臺灣逐漸具備應對全球震盪的韌性與彈性。

■ 能源震盪下的實體與金融雙重衝擊

1973年石油危機讓世界第一次清楚意識到，能源不只是經濟燃料，更是實體與金融市場間最脆弱的連結點。一旦能源流動中斷，整個實體經濟鏈將瞬間瓦解，而金融市場的槓桿與預期機制更會放大這種斷鏈效應。這場危機也揭示經濟治理者不能僅靠數據模擬與金融工具，必須從基礎設施、供應鏈到能源政策進行通盤考量，建立真正具韌性的經濟體系。

第四節　中央銀行的貨幣對策與利率操盤

■ 升息與緊縮：經典貨幣政策的回應邏輯

面對石油危機所引發的通膨浪潮，多數中央銀行選擇採取升息作為主要對策，期望透過壓抑市場流動性來遏止物價上升。美國聯準會（Fed）在1973年至1974年間多次調升聯邦資金利率，使短期利率由6%升至11%以上，英國與德國亦迅速跟進。此舉短期內對通膨具有限抑制效果，但也導致企業融資

第四節　中央銀行的貨幣對策與利率操盤

成本上升、投資意願下降,使本就疲弱的實體經濟雪上加霜,陷入典型的滯脹困境。

貨幣工具效果受限與政策延遲副作用

央行政策效果出現明顯延遲現象,即使利率上升,民眾通膨預期未能即時改變。因為能源價格是外生衝擊,非貨幣所能直接控制。市場對央行能否有效控制價格產生懷疑,貨幣政策的信任基礎開始動搖。此外,部分國家為維穩匯率同時干預外匯市場,導致外匯存底快速消耗,使金融系統出現雙重壓力。這顯示傳統貨幣工具在面對「輸入型通膨」與「成本型通膨」時的局限性。

貨幣學派的興起與政策論戰

1970年代的通膨風暴促使經濟學界重新檢討凱因斯主義的理論根基。由彌爾頓・傅利曼(Milton Friedman)領導的貨幣學派強調控制貨幣供給是解決通膨的核心手段,並主張央行應回歸貨幣穩定本質,避免短期干預經濟循環。這一觀點日後在1980年代由美國聯準會主席保羅・沃克(Paul Volcker)實踐,推動極端升息策略終結長期通膨,徹底改寫全球央行操作邏輯,也影響臺灣後來的貨幣政策設計與利率彈性策略。

第七章　石油與貨幣：1973 年石油危機的金融後果

臺灣央行的階段式應對與政策轉型

1970 年代的臺灣正處於進入高速工業化初期，中央銀行面對油價衝擊與輸入型通膨雙壓下，初期以固定匯率與利率凍結因應，但隨著國際壓力與物價飆升，逐步調整為半浮動匯率與市場導向利率機制。1974 年後，臺灣央行強化對外匯管理與通膨監控，並透過公開市場操作逐步建立現代化貨幣政策體系。這段時期的學習與調整，為臺灣後來穩健的金融治理打下重要基礎。

央行不再是物價守門人，更是信任建構者

1973 年石油危機後的貨幣政策困境，說明央行角色已從單一調節利率的機構，演變為須整合市場預期、國際資本流與物價穩定的治理核心。當外部價格震盪衝擊金融與實體雙軌時，央行不僅要掌握技術操作，更要傳遞可信賴的政策訊號。這也是今日中央銀行愈發重視「透明度」、「前瞻指引」與「市場溝通」的原因──因為沒有信任，再多工具也只是空轉。

第五節　財政赤字與黃金價格脫鉤的連動

美元與黃金的分離起點

1971 年 8 月，美國總統尼克森宣布「暫停美元兌換黃金」，正式終結布列敦森林制度中的金本位制度，這一政策即被稱為

第五節　財政赤字與黃金價格脫鉤的連動

「尼克森衝擊」。該舉措實為美國長年累積的財政赤字與通膨壓力所迫，美國為應對越戰開支與國內社會福利擴張，長期赤字擴大，導致黃金儲備無法支撐外部兌換需求。1973 年石油危機發生時，美元已與黃金徹底脫鉤，全球進入自由浮動匯率時代，黃金價格隨即進入長期上升通道，從每盎司 35 美元漲至 1974 年的 180 美元以上。

戰後財政政策的通膨引信

美國在 1960 年代後期至 1970 年代中期施行擴張性財政政策，政府支出與赤字逐年擴大，而其融資手段多仰賴發行公債與央行間接購債。這種模式使得貨幣基數快速膨脹，通膨壓力不斷累積。當油價暴漲進一步推升輸入型通膨時，原有貨幣膨脹隱患全面爆發。各國央行進退維谷，面對政府債務壓力不敢大幅升息，導致市場預期失控。黃金作為避險資產再次受到投資者青睞，價格飛漲，成為當代金融不穩定的晴雨表。

黃金價格成為政策信任的指標

脫鉤後的黃金不再是官方定價工具，反而反映市場對各國貨幣政策的信任程度。每當市場預期美國聯準會或歐洲各大央行無法控制通膨或債務失控時，黃金價格便迅速上揚。1970 年代正是此一現象首次展現威力的時代。當石油危機導致通膨高漲時，各國央行反應遲緩，市場對法定貨幣體系信心下滑，黃

金遂成為「最後的信任錨」,吸引大量資金轉向,形成脫離基本面的投機性炒作。

臺灣的黃金政策與財政因應措施

臺灣在此波黃金價格暴漲中亦受到衝擊。雖然新臺幣並未與黃金掛鉤,但作為開放型經濟體,全球價格動盪透過貿易與資本流動迅速傳導。中央銀行強化外匯管理,限制黃金買賣與境外資金自由進出,以穩定新臺幣匯率與資金秩序。政府亦開始審慎推動公共支出紀律,壓制赤字規模,透過財政與貨幣雙軌並行,成功維持物價穩定與金融秩序。這些策略為日後臺灣穩健的財政風格奠定基礎。

黃金脫鉤後的全球財政治理警鐘

1970年代財政赤字與黃金價格的連動現象,清楚揭示出貨幣信任與財政誠信之間的脆弱平衡。一旦政府過度舉債而缺乏相應政策約束,市場信心將透過黃金等避險工具加以反映與懲罰。黃金雖非現代貨幣體系的基礎,卻始終扮演「信任壓力計」的角色。對今日各國而言,如何維持貨幣穩定、控制赤字與建立透明治理,正是從這段歷史所汲取的重要教訓。

第六節　國際能源政治的金權影響

石油供應成為國際談判的籌碼

1973 年石油危機後，能源不再僅是經濟層面問題，而躍升為國際政治中最核心的議題之一。OPEC 藉由集體行動使石油成為政治施壓工具，標誌著能源政策首次全面與國際外交掛鉤。產油國藉由減產、調價或出口限制，直接影響西方國家的經濟命脈，使能源供應本身成為主權談判籌碼，也催生出後來能源安全與戰略儲備的概念。

美國與沙國的石油協議：貨幣與能源的結合

面對能源武器化的挑戰，美國迅速與沙烏地阿拉伯建構起軍事與經濟聯盟。美沙協議不僅確保石油以美元計價，更建立軍備供應與軍事保護機制，美國等於取得中東石油穩定供應的保證，同時藉此重建美元國際地位。此策略將貨幣穩定與能源供應綁定，為後續石油美元體系奠基，也讓美國在冷戰格局中得以穩住金融主導地位。

歐洲與日本的能源外交困境

相較於美國能快速與產油國結盟，歐洲與日本則因歷史與外交制約，在能源議題上顯得被動。歐洲國家紛紛強化與阿爾

第七章　石油與貨幣：1973年石油危機的金融後果

及利亞、伊朗的外交往來，企圖取得長期供油協定；日本則投入大量資源發展液化天然氣與核能技術，以減輕對中東石油的依賴。這些策略促使各國開始將能源視為國防戰略的一部分，形成新一波國際地緣政治再分配。

臺灣的能源政策轉型與國際對策

臺灣在石油危機中同樣意識到能源安全對國家經濟韌性的關鍵。當時臺灣90%以上能源仰賴進口，政府除強化與沙國、科威特等產油國的雙邊關係，也透過與產油國的雙邊談判與多邊會議參與能源對話；其後於1991年以「中華臺北」名義加入APEC。同時推動能源結構調整，如核電發展、水力擴建與節能設備汰換政策，使臺灣逐步建立具韌性的能源備援機制，降低對單一供應國的依賴風險。

能源與金融的戰略合流

1973年石油危機揭示能源供應不僅牽動物價與工業，更是主權、貨幣與軍事政策的核心議題。石油成為金權工具，不僅改變國際貿易格局，更重構了全球權力板塊。能源外交因此取代單純經濟貿易邏輯，成為一國外交戰略與貨幣政策的關鍵連結。這場危機促使各國認知到：若無穩定能源政策與多元來源，即便擁有貨幣主權，也難以維持國內穩定與國際競爭力。

第七節　當能源變成全球市場風險的核心

能源風險進入資本市場的定價邏輯

自 1973 年石油危機後，能源不再只是商品貿易的變數，而成為資本市場核心的風險定價因素之一。石油價格波動直接影響股市、債市與匯率市場。每當中東地緣政治緊張、OPEC 表態可能減產，或是戰事威脅油輪航道暢通時，金融市場即刻反映出高波動性。能源已從實體供應鏈風險擴展為金融資本避險與投機行為的關鍵標的，改寫風險資產的全球性配置策略。

衍生性金融商品放大能源風險傳導

能源衍生品在其後分階段發展：取暖油期貨於 1978 年上市、WTI 原油期貨 1983 年問世，原油期貨選擇權於 1980 年代中後期推出；能源類 ETF 則在 2000 年代才出現並普及，成為資本市場操作石油與天然氣價格的主要工具。這些金融商品不僅提供避險功能，也加劇價格波動。例如當市場預期石油減產或庫存不足時，期貨價格往往提前反映未來上漲，並引發追價熱潮，造成短時間內油價劇烈變動。當價格波動擴大至一定程度，連帶波及產業鏈中的原物料商、航空業與航運業，形成系統性連鎖反應。

第七章　石油與貨幣：1973 年石油危機的金融後果

國際金融資本對能源政策的槓桿擴大

華爾街投資銀行、主權財富基金與大型資產管理公司已將能源視為整體投資組合的關鍵一環。當能源價格被預期上漲時，這些機構會進行大規模資金配置調整，影響能源相關股票與期貨價格，進一步影響商品價格與通膨預期。這種資本規模擴張後的能源市場，反而弱化了供需基本面的穩定性，使能源價格更加依賴投資氣氛與政策訊號，顯示出能源與金融市場高度共震的風險態勢。

臺灣市場如何調適能源風險金融化的衝擊

面對能源價格劇烈波動，臺灣除了持續穩定進口來源與推動能源轉型外，也開始建立更細緻的金融防火牆。中央銀行與財政部聯手監測國際原油價格對匯率與物價的即時衝擊，避免通膨預期失控。同時也推動發展商品期貨市場與能源避險機制，協助國內進口企業與產業鏈穩定成本管理。企業層級亦逐漸建立能源財務規劃單位，善用金融工具減緩外部波動風險，顯示出從經濟部門到產業現場的全面策略升級。

能源風險成為全球市場治理的新核心

從 1973 年以降，能源已不再只是物理供應的問題，而是全球資本系統中最敏感的壓力點之一。能源價格與地緣政治、金

第七節　當能源變成全球市場風險的核心

融投資、利率預期與通膨連動,使得全球市場的穩定性與能源治理形成互為表裡的關係。面對未來氣候變遷與新能源轉型的挑戰,如何讓能源政策更具彈性、金融工具更具穩定性,將是全球經濟體維持韌性的核心命題。

第七章　石油與貨幣：1973年石油危機的金融後果

第八章
黑色星期一：
1987年程式交易與演算法恐慌

第八章　黑色星期一：1987年程式交易與演算法恐慌

第一節　自動化交易與股市閃崩的先聲

程式化交易的誕生與擴張

1980年代，隨著電腦運算能力與資料處理技術的進步，程式交易（program trading）逐漸進入華爾街的主流金融操作流程。所謂程式交易，是指依據預設邏輯條件、自動化買賣股票與指數期貨的交易系統，最初目的在於快速套利、規避市場風險或平衡機構投資組合。然而，這項技術也讓市場進入「無人駕駛」時代，當模型參數同步反應相似訊號時，會同時啟動大量賣壓，成為市場波動放大的新來源。

1987年黑色星期一的序幕

1987年10月19日，美國股市道瓊工業指數在一日內暴跌22.6%，成為有史以來最大單日跌幅。這場歷史性崩盤並未有重大經濟數據或地緣政治事件觸發，其主要原因正是程式交易在市場下跌時自動引發大量賣壓。當時普遍使用「保險型投資組合策略」（portfolio insurance）在市場波動時以期貨部位作為保護，當股價下滑達特定門檻時，電腦系統會自動賣出期貨合約，反而導致市場進一步失控，形成連環性下殺。

第一節　自動化交易與股市閃崩的先聲

機器主導市場下的反射性風險

黑色星期一揭示了一個新問題：當市場由演算法驅動時，風險不再來自於經濟基本面，而是來自模型本身的「集體性反應」。程式交易設計者本希望透過理性規則減少人為誤判，但卻忽略所有市場參與者若使用相似邏輯，會在關鍵時刻同步反應、集體踩踏。這場崩盤是資本市場進入「自我回饋風險」時代的開端，未來的風險可能不是因經濟衰退，而是交易邏輯彼此疊加而成的技術性崩潰。

臺灣市場的啟示與後續建設

雖然 1987 年臺灣尚未全面引入程式交易，但此事件引起臺灣證券主管機關高度重視市場機制的脆弱性。此後臺灣逐步建立價格穩定機制，如跌停限制、冷卻期制度與市場熔斷機制。同時，也在 1990 年代逐步導入自動化交易系統，並持續監控大戶與系統性風險的聯動效應。黑色星期一對臺灣的真正啟發，是提醒市場建構不能只倚賴流動性與技術創新，更需強化制度應變機制與風險管理架構。

從科技創新走向風險同步化的警訊

1987 年股災是現代金融史上程式交易首次主導市場崩潰的例證，也象徵著金融科技發展的雙面性。一方面，科技降低交

第八章　黑色星期一：1987年程式交易與演算法恐慌

易成本、提升效率；另一方面，卻也讓市場變得更集中、更同步、更容易出現非理性集體行為。這場危機告訴我們：科技不是風險的解方，而是風險結構的一部分。唯有理解科技如何改變市場行為，方能真正設計出具備韌性的金融系統。

第二節　動能錯配與機器間的回饋循環

市場訊號的扭曲與動能錯置

在程式交易與自動化模型主導下，股市價格變動逐漸失去與基本面的連動邏輯。尤其在1987年黑色星期一前後，程式交易依賴的技術指標如移動平均、成交量突破與價格動能，開始出現回饋錯配（momentum mismatch）的現象。模型偵測到價格跌破設定門檻，便自動下單賣出，卻未考慮當前下跌並非來自基本面惡化，而是技術因素觸發的短期波動，結果加深市場誤判，使價格進一步背離實際企業價值。

機器交易間的集體回饋機制

更嚴重的是，不同金融機構雖採用不同交易策略，但在設定風險管理模型時多使用相似的波動性參數與停損邏輯。例如：一家量化基金偵測到市場下跌後啟動減倉，觸發價格進一步下滑，進而導致另一家風控模型也同步反應，如此層層疊加，最

第二節　動能錯配與機器間的回饋循環

終形成自我實現的預言效應。這種由「機器互踩」造成的市場震盪,超越人類交易員的反應速度,導致金融市場由「非理性繁榮」迅速轉向「非理性恐慌」,造成價格劇烈跳動。

價格流動性的瞬間消失

當市場進入機器賣壓交錯的混亂階段,流動性提供者(如造市商、避險基金)無法有效維持買賣平衡。因為模型演算法普遍在極端波動中設定「退出市場」的條件,一旦市場不再提供穩定報價,流動性瞬間蒸發,出現所謂「價格跳空」現象。黑色星期一當天,道瓊指數盤中多次出現數分鐘內大幅崩跌,反映的不只是交易情緒,而是流動性架構在機器互動下的全面失靈。

臺灣市場對價格流動性風險的理解演進

在 1980～1990 年代的臺灣資本市場中,對「流動性風險」的概念仍屬萌芽期。黑色星期一事件後,主管機關開始認知到價格過快波動可能不是因基本面,而是交易機制設計失當。因此,臺灣在後續改革中導入價格穩定機制如跌停板、暫停交易(熔斷機制)與大戶交易回報制度,以防止單一技術因子引發集體踩踏。此外,臺灣證交所也逐步強化對高頻交易與系統性錯單的監控機制,避免重演國際市場的斷鏈效應。

第八章　黑色星期一：1987年程式交易與演算法恐慌

▪ 風險不是發生在交易邏輯錯誤，而是集體同步

黑色星期一事件帶來的最大啟示，是當金融市場由多個獨立機器共同運作時，其真正風險不來自某一模型失靈，而是這些模型在相同訊號下「同時啟動」。這種同步行為打破了傳統市場的去中心化特性，使市場在關鍵時刻反而更集中、更脆弱。面對這種集體回饋循環，金融監管不再只是觀察總體風險，而需能夠即時監測市場結構的動能堆疊與錯配，方能有效預防下一場閃崩。

第三節　保險型投資組合策略如何反過來放大風險

▪ 保險型策略的本意與實際運作

1980年代，隨著股市進入高波動時期，機構投資者逐漸採用所謂「保險型投資組合策略」（Portfolio Insurance）以保護資產價值。該策略的基本邏輯為：當市場價格下跌接近預警點時，自動賣出股票或期貨部位以限制損失。這本意為避開下跌風險的機制，類似傳統保險中止損點的設定。然而，當多數大型機構採用此策略且市場波動劇烈時，其反向賣壓會在短時間內傾巢而出，轉而成為市場下跌的加速器。

第三節　保險型投資組合策略如何反過來放大風險

衍生性金融商品的槓桿放大效果

這些保險型策略往往透過股指期貨等衍生性金融商品執行避險。期貨本身具有槓桿特性，少量保證金即可放大操作部位。因此，一旦進入「止損區間」，程式會連續賣出大量期貨合約，對現貨市場形成價格壓力，並牽動期貨價格同步崩跌。這種「期貨帶動現貨」的反向反應使價格波動急劇擴大，尤其當大量交易於極短時間內集中發生時，形成「閃崩」格局，也加速市場信心的全面潰散。

模型理論與市場實際間的斷裂

保險型投資模型大多基於歷史波動性資料設計，預設市場具有一定流動性與可預測性。然而在實際運作中，一旦多個參與者同時執行類似策略，市場將失去原本的均衡動態。1987 年黑色星期一便是一個經典例證：當指數連續下跌且波動升高時，模型啟動大量賣單，但市場的流動性不足以承接此規模賣壓，結果導致「模型信號」與「市場承載能力」產生斷裂，間接放大原本的避險操作成為主動破壞因素。

臺灣市場對衍生品風險的制度建構

雖然 1987 年時臺灣尚未普及指數期貨或大型衍生品操作，但在觀察國際市場經驗後，金融監管單位於 1990 年代開始建立

第八章　黑色星期一：1987年程式交易與演算法恐慌

期貨市場制度，包括設定槓桿倍數、強制保證金比率、流動性監控與每日價格限制。臺灣期交所（TAIFEX）亦明定標準風控條件，防止類似「保險型衍生品策略」在失控情境下重演國際市場慘劇。更重要的是，教育市場參與者理解避險工具並非無風險保障，而是可能在壓力情境中反成風險來源。

避險策略不是萬靈丹，反而可能成為推手

保險型衍生品的擴散使用與1987年崩盤的關聯，證明了在高度金融化的市場中，任何風險管理策略若被過度仿效與集體實施，最終可能反轉其初衷，成為放大系統性風險的源頭。這也促使金融學界與實務界重新審視「模型一致性」與「市場承載力」之間的關係，提醒市場治理者需針對關鍵技術策略的交互影響進行壓力測試與模擬演練，以建立真正穩健的風險管理生態。

第四節　當投資模型遇到市場非理性

理性模型在非理性市場中的盲點

1987年黑色星期一的一大啟示，是再精密的數學模型，也無法預測市場恐慌時的人性反應。投資模型多基於效率市場假說（EMH），假設市場參與者理性、資訊可得、價格反映所有已知訊息。然而，股災發生當日，市場行為徹底違背這一假設，

第四節　當投資模型遇到市場非理性

大量賣壓與投資者恐慌並非理性計算結果，而是群體行為與模仿效應的集中爆發，使模型設計者措手不及。

模型假設的過度單一化與誤判

許多投資模型建立在平均報酬、波動率常態分布等統計假設上，但市場崩盤時呈現的「肥尾分布」與劇烈跳躍，顯示模型低估了極端風險事件的機率與破壞力。例如保險型策略假設下跌為漸進式，忽略流動性瞬間蒸發造成無法出場；套利模型則假設價格會回歸均值，卻忽略市場短期不均衡的放大性。在這樣的錯配下，模型不僅無法保護資產，反而放大損失。

群體心理與市場模仿效應的牽動

市場非理性行為經常源自投資者對他人行為的預期，而非對基本面本身的理解。當投資者看到大型機構拋售，或新聞標題強調市場恐慌，往往選擇同步動作以自保，形成「模仿性拋售」行為。模型若忽視這一心理變數，就會在關鍵時刻判斷失靈。1987年股災期間即發現，許多投資策略在面對市場情緒急轉直下時，無法動態調整，形成「理性工具遭非理性情緒擊垮」的現象。

第八章　黑色星期一：1987年程式交易與演算法恐慌

▪ 臺灣市場的應對與制度借鏡

雖然 1987 年臺灣尚未引入大量量化交易模型，但此事件促使證券主管機關與市場研究機構反思交易制度與風險預警。臺灣證交所開始強化對市場情緒指標、融資餘額變動、當沖比例等數據的即時監測。證券投資信託與顧問業者亦在日後引進風險值（VaR）與情境模擬測試，逐步將心理因素納入模型設計參數，使臺灣市場在面對劇烈波動時更具預警能力與操作彈性。

▪ 模型應認識「非理性」是常態而非例外

1987 年股災提醒我們：投資模型若無法處理市場非理性，就難以應對真正的風險時刻。行為經濟學者如丹尼爾・康納曼（Daniel Kahneman）與羅伯特・席勒（Robert Shiller）早已指出，人類在不確定情境下常表現出過度反應與從眾行為，這應被納入任何風控架構的核心假設。未來的投資模型必須跨足金融工程與行為心理雙領域，才能真正捕捉市場運作的真實面貌。

第五節　政府干預與救市後遺症

▪ 市場恐慌時的政府第一反應

1987 年黑色星期一發生後，美國政府與聯準會（Fed）迅速介入。時任聯準會主席艾倫・葛林斯潘（Alan Greenspan）在災

第五節　政府干預與救市後遺症

後不到 24 小時內發表公開聲明，承諾將提供金融體系所需之流動性，確保資本市場正常運作。此舉安撫市場情緒，使崩盤未進一步蔓延成系統性金融危機。華爾街也在數日內見到股市部分反彈，這場「官民合作」被譽為央行危機管理的典範之一。

政府進場的短期穩定與長期依賴

儘管政府出手當下穩住了局面，但後續也引發「道德風險」的討論。市場參與者逐漸形成「聯準會賣權」(Fed Put) 的預期，認為一旦市場大幅下跌，政府必將救市。這導致投資者行為更為激進，風險偏好上升，金融市場進一步槓桿化。1987 年股災可視為中央銀行進入「市場穩定者角色」的起點，也揭示干預政策可能形成依賴循環，削弱市場自我修復機能。

救市工具的選擇與資源分配矛盾

當時美國政府未直接投入資金，而是透過貨幣市場操作與短期利率調控等方式提供流動性。然而，這類工具多半只針對金融機構有效，對於實體企業或散戶影響有限。救市資源的分配出現偏斜，也讓市場出現不公平感，質疑政府偏袒華爾街、忽略主街 (Main Street)。此外，救市雖止住短期崩跌，但並未根本解決金融市場過度依賴技術模型與高槓桿操作的結構性問題。

第八章　黑色星期一：1987年程式交易與演算法恐慌

臺灣制度設計借鏡與差異

受黑色星期一事件影響，臺灣金融主管機關對於「政府是否該救市」展開內部討論。1989年波動事件後，政府先於1990年設立「證券市場安定基金」作為非常時期的市場穩定工具；至2000年設立「國家金融安定基金」（俗稱「國安基金」），用以在重大情勢下進場維穩。同時，中央銀行也強化貨幣市場調節機制與公開市場操作能力。雖然臺灣市場規模較小，資本進出限制多，但借鏡國際經驗後更注重制度性防線建構，避免過度倚賴臨時干預而喪失長期治理能力。

救市是必要之惡，還是風險循環的起點？

1987年黑色星期一的政府干預，開創了現代金融體系中「危機預期介入」的先例。這種即時政策工具固然有其效果，但也種下未來市場風險積聚的溫床。當市場相信政府永遠會救市，便會放大槓桿、壓低風險意識。未來要避免類似情境重演，關鍵在於如何設計「有限度、條件明確」的干預機制，同時強化市場自身的風險辨識與治理能力，讓救市成為最後手段，而非市場制度的常態配件。

第六節　行情快速崩潰的心理變數

恐慌情緒的非理性放大效應

1987 年黑色星期一當日，道瓊指數暴跌超過 22％，這一劇烈行情的根本推手，不僅來自程式交易與技術性賣壓，更重要的還有投資者心理的「群體恐慌效應」。當市場開始出現快速下跌，投資者很容易放棄原有理性判斷，轉而依賴直覺與群體動向行動。這種「逃命式賣壓」不但沒有經過深思熟慮，還可能基於錯誤訊息或誇張預期，進一步加速價格下滑。行為經濟學者羅伯特‧席勒（Robert Shiller）即指出，市場崩盤往往與敘事驅動的情緒傳染有關，而非純粹的基本面惡化。

媒體與資訊擴散的助燃效應

在 1987 年，儘管還未進入數位媒體與社群網路時代，但電視新聞、廣播與報章雜誌已具備快速擴散市場情緒的功能。當媒體不斷報導「歷史最大跌幅」、「金融災難」、「散戶驚慌逃離」等字眼時，原本尚未動搖的投資者也開始產生焦慮，進一步引發賣壓，形成所謂「資訊放大循環」。資訊科技的進步雖然提高了市場透明度，卻也讓恐慌訊息能以倍速擴散，強化非理性拋售的集體心理。

第八章　黑色星期一：1987年程式交易與演算法恐慌

損失厭惡與反應過度的經濟直覺

心理學家丹尼爾・康納曼（Daniel Kahneman）與阿摩司・特沃斯基（Amos Tversky）提出的「損失厭惡理論」指出，人們對損失的痛苦遠大於獲利的快感。當股票價格下跌時，投資者往往會因害怕損失擴大而選擇立刻賣出，即使這樣的行為不一定符合長期投資利益。1987年的黑色星期一正是一場集體損失厭惡所導致的崩盤實驗，無數散戶與機構在看見初步下跌後即刻離場，使得原本可控的價格修正瞬間演變成系統性崩潰。

臺灣市場對投資者行為心理的應對進化

在黑色星期一之後，臺灣金融主管機關與市場機構開始關注投資者心理對市場穩定的影響力。除推動投資教育與風險認知外，也強化市場透明機制與公開說明制度，避免虛假資訊與情緒主導價格波動。此外，交易所導入波動警示燈號與成交明細即時公告，讓投資人可以更清楚市場狀況，降低非理性交易的衝動。這些制度安排，目的在於強化投資者對市場資訊的理解與情緒管理能力。

情緒是市場最不穩定的變數

1987年股災揭示出，在極端行情中，市場最不可預測的，不是財報、利率或油價，而是人性。即使科技與模型再進步，

也無法消除人類面對恐懼時的集體反應。唯有在制度設計上納入心理層面考量，從教育、資訊到市場設計逐層建構，才能真正強化市場的心理韌性，降低下一次因恐慌而崩潰的機率。

第七節　自動化時代的新風險模型

風險管理邏輯的數位轉向

1987 年黑色星期一之後，全球金融市場開始反思既有風險模型的局限，特別是傳統的歷史模擬與常態分配模型，已難以應對自動化交易所帶來的非線性風險。這場崩盤引發金融機構對於風險計算方式的重構，從原本基於統計假設的靜態模型，逐漸轉向具即時監測與彈性調整能力的動態模型，並廣泛導入資訊科技與人工智慧輔助分析。

演算法交易與模型透明度的對抗

自動化交易讓金融市場的運作速度與規模擴大，但同時也使模型黑箱化問題浮上檯面。許多金融機構採用的交易策略，其背後邏輯不為主管機關或投資人所知，導致市場風險難以全面掌握。1987 年的教訓之一，就是讓風險管理模型必須具備可解釋性（explainability）與即時稽核能力。當模型觸發錯誤決策

第八章　黑色星期一：1987 年程式交易與演算法恐慌

時，市場參與者與監管機構須能即刻介入，避免模型成為失控風險的來源。

預警指標與系統性風險探測

在崩盤之後，市場分析師與研究機構開始尋找更有效的系統性風險預警指標。包含價格間關聯性指數、資產波動連動性、資金流向異常，以及市場參與度集中等指標，皆成為新一代風控模型的重要參數。這類模型強調的是「關鍵轉折點」的即時預測能力，而非僅僅追蹤過去資料。透過大數據與機器學習，金融機構能更敏銳地察覺市場潛在斷裂，進而提早部署對應策略。

臺灣市場導入新一代風控工具的歷程

臺灣自 1990 年代起也逐步引入量化風控技術，包含投資組合風險值（VaR）、壓力測試（Stress Test）、情境模擬（Scenario Simulation）等方法，並延伸至保險、期貨、信託與基金產業。證交所與金管會設立風險預警系統，監控重大交易異常、機器交易異動與市場流動性指標，逐步建構全市場層級的系統性風險地圖。這使得臺灣能在亞洲金融風暴與 2008 年金融危機中保持相對穩定，顯示新風險模型在實務上的效益。

第七節　自動化時代的新風險模型

▰ 結構性回饋風險的新理解

在自動化交易時代，風險管理不再只是「估算損失」或「計算波動」，而是必須預測風險在系統中的傳導與擴散過程。例如：高頻交易與機器判斷在短時間內同時啟動買賣行為，將原本局部的價格訊號放大為整體性行情崩落。這種由演算法集體反應而產生的系統性衝擊，成為當代金融風控的核心課題之一。市場監管者開始強調交叉市場風險關聯與連鎖性錯配效應，以補足傳統風控模型的盲區。

▰ 未來風險管理的方向與挑戰

1987 年的黑色星期一揭示了傳統模型在面對自動化市場時的脆弱性，也為後世奠定了現代風控科技的發展路徑。未來風險管理不僅是計算與監測，更是資訊結構與制度設計的結合。如何讓模型更靈活、更透明、更具應變能力，將成為金融科技與監理科技發展的核心課題。因應快速變化的市場生態，金融系統必須建立一套動態適應、跨層監控與心理回饋整合的新風險架構，方能在新一代的黑天鵝來臨時立於不敗之地。

第八章　黑色星期一：1987年程式交易與演算法恐慌

第九章
新興市場危機：
1994 墨西哥與 1997 亞洲的貨幣戰

第九章　新興市場危機：1994 墨西哥與 1997 亞洲的貨幣戰

第一節　披索危機的熱錢進出與匯率錯殺

墨西哥的資本自由化與資金熱浪

1990 年代初期，墨西哥政府在國際壓力與本國經濟改革雙重背景下推動資本市場自由化。外資得以自由進入當地股市、債券與不動產，吸引大量短期熱錢湧入。當時的披索匯率實行「爬升式固定匯率制度」，政府每月緩慢調升匯率區間，希望在控制通膨同時吸引外資穩定資本帳。但這種制度在經濟基本面惡化與投資人預期改變時，反而成為投機者攻擊目標，使貨幣政策失去彈性。

美國升息與資金逆流的壓力

1994 年美國聯準會開始升息，導致國際資金回流美國市場，投資人對新興市場的風險意識急遽升高。墨西哥面臨龐大的外債到期壓力與經常帳赤字擴大，使得市場懷疑披索高估。這時市場上的避險基金與套利資金開始大舉拋售披索資產，轉而持有美元，進而對墨西哥中央銀行形成巨大壓力。政府為捍衛匯率花費超過 200 億美元外匯存底，最終仍於 1994 年 12 月放棄盯住改採浮動；披索在隨後數週內累計貶值逾 50%。

第一節　披索危機的熱錢進出與匯率錯殺

▇ 匯率錯殺與信心崩潰的連鎖反應

披索突然貶值不僅重創墨西哥國內企業與家庭購買力,也引爆市場對新興市場普遍的不信任。由於美國財政部與 IMF 未能即時介入援助,市場信心進一步動搖,導致墨西哥資本市場全面崩盤。美股與其他拉丁美洲股市亦受波及,顯示匯率錯殺不只是單一貨幣的問題,而是一種跨市場的金融信任危機。披索危機之後,「熱錢」變成帶有貶義的術語,提醒新興國家不可過度仰賴短期外資作為經濟成長動力。

▇ 臺灣的資本控管與制度應對

1990 年代初期,臺灣尚未全面開放資本帳,也未採用固定匯率制度,因此相對躲過了披索危機的衝擊。臺灣政府對於熱錢進出一直採取審慎原則,透過證券投資額度、境外法人投資限制與外匯管制等機制,降低短期資金對市場造成的衝擊。披索危機後,臺灣強化了外匯市場監管與外資申報制度,同時教育企業與投資人對匯率風險保持警覺。這些措施為日後面對 1997 亞洲金融風暴奠定了穩健基礎。

▇ 資本自由化下的雙面刃效應

墨西哥披索危機是一場典型的「外資熱錢進場後撤離」造成的匯率崩潰,也說明了固定匯率制度在資本流動快速的全球化

第九章　新興市場危機：1994墨西哥與1997亞洲的貨幣戰

時代難以維持。雖然資本開放能短期吸引投資、提振經濟，但若缺乏堅實的外匯存底、靈活的匯率政策與透明的金融體系，極易成為國際套利資金的狙擊對象。新興市場需建立強韌的金融體系，才能在吸引資本與維持穩定間取得平衡，避免走上披索危機的老路。

第二節　泰銖崩潰與韓元保衛戰的啟示

泰國經濟奇蹟的陰影與資本過熱

1990年代前期，泰國被視為新興亞洲的高成長經濟體之一，吸引大量外資投入房地產、基礎建設與製造業。然而，高速增長背後也累積了過度槓桿與信貸擴張。泰國實施盯住美元的固定匯率制度，使資金流入後產生「匯率風險低」的假象，企業與銀行大量以外幣計價借款，卻忽略美元升值或出口下降可能帶來的償債壓力。到1996年，房地產泡沫破裂與出口減緩雙重打擊，泰銖面臨劇烈拋售壓力，外匯存底快速流失。

攻擊開始：避險基金與匯率防線的失守

1997年6月，多家國際避險基金發動大規模做空泰銖行動，市場預期泰國政府將無力維持固定匯率。雖然泰國央行一度動用外匯存底抵抗，但在資金池越來越小、信心不斷流失的

第二節　泰銖崩潰與韓元保衛戰的啟示

情況下，最終於 7 月 2 日宣布放棄固定匯率，改採浮動匯率制度。泰銖在隨後數週內累計貶值逾 40%，外債暴增，金融機構與企業接連倒閉。這場危機很快蔓延至鄰近的新興亞洲市場，包括印尼、馬來西亞與南韓，演變為全面的亞洲金融風暴。

韓國的防線與錯判：信心保衛戰的代價

韓國當時雖為亞洲工業強國，擁有強大製造業基礎與外匯收入，但企業高度負債與財團擴張問題嚴重。1997 年 11 月，韓元遭遇猛烈拋售。韓國政府初期選擇升息與賣美元穩匯，但措施失靈，市場認為韓國將步上泰國後塵。數間大型財團如韓寶鋼鐵 (Hanbo)、起亞 (Kia)、三美 (Sammi) 相繼陷入危機或破產，使信心雪上加霜。韓元匯價暴跌逾一半，失業率飆升，股市與房市崩潰，社會動盪激烈。最終韓國向 IMF 求援，獲得 580 億美元援助，成為當時史上最大筆國際救援計畫。

臺灣如何因應區域風暴擴散

面對亞洲鄰國一一陷入危機，臺灣因堅守資本帳管理、維持充裕外匯存底與採行有管理的浮動匯率，成功避開直接衝擊。當時中央銀行立即強化新臺幣監控機制，並視情況干預外匯市場，穩定匯價波動。同時，政府也主動與企業溝通外債與風險敞口，要求財務健全揭露。雖然臺股仍受到國際資金撤離影響出現波動，但並未爆發類似韓國或泰國式的金融崩潰。

第九章　新興市場危機：1994 墨西哥與 1997 亞洲的貨幣戰

新興國家面對資本衝擊的制度準備

泰銖與韓元的崩潰提醒世人：固定匯率制度在面對國際資本快速進出的情境下，猶如玻璃牆一擊即碎。外資的信心往往建立在資本市場透明度、中央銀行實力與政府溝通能力上。缺乏這些制度保障，再穩健的經濟基本面也可能因恐慌而崩塌。相比之下，臺灣的制度性穩定與危機處理預備顯示：新興市場在金融全球化的浪潮中，若能結合靈活匯率政策、嚴格資本流動監理與風險資訊揭露，仍可築起一道保衛自身金融主權的韌性防線。

第三節　避險基金的套利攻擊與信用連鎖反應

避險基金的策略與操作模式

避險基金在亞洲金融風暴中扮演了催化劑角色。這類基金操作彈性高、槓桿倍數大，目標明確就是獲利，不需負擔宏觀穩定責任。1997 年，以喬治‧索羅斯（George Soros）旗下的量子基金為代表，多數避險基金專注於套利機會，包括貨幣高估國家的匯率政策錯誤，進行大規模做空。泰銖、韓元、印尼盾等都成為標的，透過大量借入當地貨幣、換為美元，再反手拋售，迫使當地央行動用大量外匯存底應戰，形成消耗戰，直到防線崩潰。

第三節　避險基金的套利攻擊與信用連鎖反應

套利結構與金融防線的崩潰

這種做空套利操作常搭配跨市場策略，避險基金同時沽空股票、期貨或債券，使金融資產全面遭遇拋售壓力，增加市場波動性。當資本帳開放、外匯自由流動的國家無法有效反制此類操作時，便會形成市場信心全面動搖的局面。例如在韓國，國內銀行與企業高度仰賴短期外債融資，一旦韓元暴跌，償債成本激增，信用評等遭下調，反過來導致金融體系連鎖失血。

信用擠兌與機構倒閉潮的連鎖效應

當外資全面撤出、本國貨幣貶值壓力加劇時，金融機構面臨資產價值縮水與流動性乾涸的雙重打擊。1997 年東南亞多國出現本地銀行擠兌、人行挖提、股債雙殺的局面。不少中型銀行與地區財團因流動性枯竭而無法償付債務，接連破產。這種從貨幣市場蔓延至信貸體系的風暴，顯示避險基金雖非主因，卻能在原本脆弱的市場架構中放大脆弱性，加速崩潰進程。

臺灣對於外資套利行為的政策反制

臺灣雖在當時未爆發本土金融危機，但政府也意識到避險基金套利可能帶來系統性風險。為此金管會與中央銀行逐步收緊資本帳政策，如限制短期資金進出、強化外資投資比例揭露，並對股匯市場同步監控，採取交叉分析與即時干預。更進一步，

第九章　新興市場危機：1994 墨西哥與 1997 亞洲的貨幣戰

臺灣建立「異常資本流動預警系統」，專門追蹤可疑套利模式與資金集中行為，提升市場防禦韌性。

套利行為與制度防火牆的角力

亞洲金融風暴揭示一項重要事實：在全球資本可自由流動的時代，新興市場若缺乏制度性防火牆，極易被套利資本挑戰底線。避險基金並非問題核心，而是檢驗各國金融體質與政策彈性的壓力測試工具。唯有建立有效的資金管控框架、強化風險揭露制度與提升市場透明度，才能在面對國際資金浪潮時，不至於淪為被操弄與掠奪的對象。

第四節　IMF 援助計畫與主權重構機制

IMF 進場的救援邏輯與國際壓力

1997 年亞洲金融風暴迅速蔓延，迫使國際貨幣基金（IMF）出面調停與提供資金援助。IMF 的進場原意是防止危機擴大為區域性崩潰，藉由提供外匯貸款穩定當地匯率與金融體系。但這些援助往往附帶高度條件性，包括緊縮預算、升息抑制資本外逃、金融機構重整與自由化改革。這些條件造成國內企業與民眾承受巨額成本，讓援助效果飽受爭議。韓國、泰國、印尼

第四節　IMF 援助計畫與主權重構機制

三國即為典型接受 IMF 計畫的案例，各自承受不同程度的政治與經濟代價。

援助方案與本國主權的衝突

IMF 援助並非單純提供資金，更深入干預本國財政與金融政策。韓國在接受 580 億美元援助計畫後，須接受外國金融機構進入、開放外資持股限制，甚至修改公司治理法規。印尼更因未能及時兌現改革承諾而遭延遲撥款。許多民眾認為這種援助帶有主權干涉性質，讓 IMF 背負「金融殖民者」之名。即便救助達成短期穩定，長期卻使當地政策失去自主性，引發社會與政治不滿，導致群眾運動與政權更迭的後果。

援助結果與結構性改革的後遺症

雖然 IMF 援助計畫在止血上有效，但也帶來深遠後遺症。例如升息與緊縮政策讓中小企業融資困難，企業倒閉潮加劇失業率。印尼爆發排華暴動與政治政變，韓國社會出現「愛國捐金」運動，象徵國民對主權喪失的焦慮。IMF 雖強調其改革能強化體質，但對短期社會穩定與民生衝擊準備不足，導致援助與民意對立。這些後果促使後來許多新興市場重新思考是否要接受類似國際機構介入。

第九章　新興市場危機：1994 墨西哥與 1997 亞洲的貨幣戰

臺灣對 IMF 模式的警覺與選擇性學習

臺灣並非 IMF 成員，當時也未加入 IMF 援助架構，卻從亞洲鄰國的教訓中學習應對之道。政府強化主權財政與資本控管能力，拒絕依賴國際援助。同時建立自主應變體系，如國安基金、外匯穩定機制與預警模型，確保臺灣能於外資撤出時仍維持基本金融穩定。此外，政策上亦未採取過度緊縮，反而鼓勵內需與科技產業升級，以強化國內經濟韌性，避免被迫接受外來條件式援助。

援助不是萬靈丹，主權與改革的拉鋸戰

IMF 援助在歷史上既有正面穩定效果，也留下結構傷痕。這一制度體系在設計上偏重財務紀律與資本市場自由，卻容易忽略社會脈絡與政治文化。新興市場若未提前建立健全財政與金融治理體系，終將在危機時面臨「只能接受國際條件」的困境。唯有擁有強韌主權機制與政策選擇空間，才能在全球資本浪潮中守住經濟主導權，不再依賴外來機構設定改革的步調。

第五節　匯率制度與資本帳失衡的教訓

固定匯率的假象穩定與危機根源

亞洲金融風暴前，多數受災國家如泰國、印尼與韓國皆採

第五節　匯率制度與資本帳失衡的教訓

取某種形式的固定匯率制度,試圖將本國貨幣釘住美元以穩定貿易與吸引外資。然而這種制度在資本全球化時代已成為風險溫床。表面穩定的匯率容易導致國內外企業與金融機構高估本幣價值,誤判風險成本,進而形成「虛假穩定」。一旦國際資本預期轉向或基本面惡化,固定匯率難以維持,便會在短時間內爆發市場信任崩解。

資本帳過度自由化下的外債堆積

許多新興市場在 1990 年代為追求快速成長,選擇資本帳自由化,允許國際資金自由進出。然而,這導致本國金融機構與企業大量借入外幣短期貸款,用以支應長期投資。資產負債錯配與外債集中,讓整體經濟暴露在極高的匯率風險之中。當匯率因市場拋售而崩潰,本幣貶值使外債負擔迅速膨脹,引爆系統性違約與金融機構連鎖倒閉。此外,由於資金流動未配套完整的風險控制架構,使得政府在面臨市場恐慌時,反應遲緩、彈性不足。

資本帳與匯率政策的衝突悖論

IMF 長期推崇資本帳自由與浮動匯率,但在亞洲金融風暴中卻發現兩者不易並存。浮動匯率需仰賴穩定的市場預期,而資本帳自由化則常導致市場預期波動擴大。若未建立足夠的資本流動緩衝與市場監理機制,兩者結合反而放大經濟脆弱性。

第九章　新興市場危機：1994墨西哥與1997亞洲的貨幣戰

因此，後來許多國家改採管理浮動匯率與選擇性資本控管的混合策略，取代過去過度教條的單一制度模型。這也代表全球金融治理邏輯逐漸從「自由優先」過渡至「韌性優先」，制度設計邏輯趨向防禦與穩健取向。

臺灣的管理浮動匯率與資本審慎策略

臺灣長期實施管理浮動匯率制度，由中央銀行根據經濟基本面與外部環境調整新臺幣匯價波動區間。雖然資本帳逐步開放，但對短期資金進出仍保留審核機制，特別是對非實體投資性質資金保持高度警覺。這種策略讓臺灣在亞洲金融風暴期間得以避開直接衝擊，也避免了「自由化陷阱」。臺灣經驗說明，匯率制度與資本帳政策應同步設計，不可偏廢任一面。尤其在危機時期，政府的即時性政策彈性、資訊揭露機制與市場溝通品質，皆會成為左右市場信心的核心條件。

危機後全球制度調整與預警機制重建

亞洲金融風暴之後，不少國家與國際機構開始重新設計資本帳與匯率制度配套機制。IMF修正其政策主張，納入「資本流動管理措施」作為標準工具之一。世界銀行與亞開行也開始強調資本開放前的能力建設，特別是外匯風險管理、衍生品監管與流動性管理架構。亞洲多數國家也相繼建立外匯儲備緩衝與系統性風險監測平臺，作為防止未來危機的前線指標。

制度組合才是抵禦危機的關鍵

匯率制度與資本帳自由化政策本身並非問題,關鍵在於兩者如何組合運作並搭配有效監理架構。亞洲金融風暴讓人明白,單一制度無法應對複雜的市場動態。新興市場須根據本國經濟體質、金融成熟度與外部依存程度設計制度組合,並在擴大開放前建立穩健的風險承受能力。制度選擇若僅為吸引資本而快速開放,未來必將付出更高代價。制度的靈活性、政府的回應能力,以及市場的預警機制,才是新世代全球金融治理中不可或缺的韌性因子。

第六節　政府干預與市場信心的雙輸結果

政府介入的兩難抉擇

亞洲金融風暴期間,各國政府面臨的最大挑戰之一,即為「是否該干預市場」的抉擇。若選擇干預,將消耗大量外匯存底與公信力;若選擇放手,又可能引發市場恐慌與金融崩潰。泰國、韓國與印尼政府均曾試圖干預外匯市場與資本流動,但結果多為徒勞。這些干預往往未能扭轉市場預期,反而被視為脆弱象徵,使信心崩潰更為迅速。

第九章　新興市場危機：1994墨西哥與1997亞洲的貨幣戰

升息與緊縮的信號錯誤

在危機爆發初期，政府普遍選擇透過升息與緊縮財政來穩定幣值。然而，這類舉措未能有效挽回信心，反而重創實體經濟。升息提高了企業與家庭的負債成本，造成消費與投資雙雙下滑，導致企業倒閉與失業增加。這種政策訊號與市場心理間的錯配，使政府陷入「干預無效、放手更亂」的雙輸困境，進一步顯示制度上的設計缺陷與執行落差。

干預措施與資訊透明的矛盾

許多亞洲國家的干預策略缺乏明確溝通與資訊透明，市場難以掌握政府真正意圖與政策邏輯。這樣的資訊真空反而激發市場不確定性，引來更多投機性攻擊。泰國與印尼政府在外匯干預與外債資料揭露上屢屢失誤，使投資人對官方數據產生質疑，進而加速資金撤離。政府若欲有效干預，必須伴隨資訊公開、決策一致性與可預測性，否則將喪失政策信任基礎。

臺灣政府的策略性觀望與溝通制勝

相較之下，臺灣政府在面對亞洲金融風暴時採取較為審慎且具有策略性的觀望態度。中央銀行並未急於干預，而是透過發布匯率動態分析、建立市場穩定信號，以及與大型金融機構合作，達成市場共識。這類「軟性干預」搭配有效的資訊釋放，

穩定了市場心理，避免形成恐慌性擠兌。政府不以強硬手段壓制市場，而是扮演調解者與信任提供者角色，取得相對正面評價。

政策工具與信心機制的失衡後果

亞洲金融風暴讓各國明白：市場信心的崩潰，不單源於經濟基本面的惡化，更常來自於政府政策的錯配與溝通失誤。干預本身並非萬惡之源，但若缺乏配套制度、預警工具與資訊透明，將導致政策與市場脫節，最終形成雙輸結果。未來政策設計應更重視「信心機制」的建構，將政策工具納入心理預期管理範疇，才可能在風暴來臨時守住最後一道防線。

第七節　從亞洲金融風暴看未來新興市場風險

結構性脆弱：新興市場的共通特徵

亞洲金融風暴揭示了多數新興市場普遍存在的三大結構性脆弱：過度依賴外資、金融體系監管薄弱，以及對短期熱錢缺乏控管機制。這些脆弱性往往在經濟表現強勁時被忽視，一旦市場情緒轉變或外部衝擊出現，便會放大至系統性崩潰。尤其是債務以外幣計價的國家，當本幣貶值時即遭遇債務雪崩效應。新興市場若未從亞洲風暴中記取教訓，將在未來類似的全球性

第九章　新興市場危機：1994 墨西哥與 1997 亞洲的貨幣戰

壓力測試中重蹈覆轍。

此外，許多新興市場在資本自由化過程中，過於倚重外部資金驅動經濟增長，忽略本地金融資源培育與制度性配套。例如印尼與馬來西亞在風暴前大量吸引房地產與基建資金，卻未建立健全的審核機制，導致資金錯置與資產泡沫。當資金逆轉流出，泡沫即全面破裂，最終造成企業與家庭同步破產，社會動盪不安。

流動性危機與心理恐慌的惡性循環

金融危機從來不只是經濟數字的崩塌，更是心理信任的崩潰。當市場參與者對匯率、政策穩定或銀行體系失去信心時，即使基本面未發生根本變化，也會發生大規模資金撤離與系統性擠兌。這種恐慌往往比真實的經濟失衡更具毀滅力，因為它會打亂價格發現、資金配置與信貸運作機制。亞洲金融風暴說明，政府若無能力迅速穩定預期，危機便會由資產價格迅速蔓延至實體經濟、社會結構與政治穩定。

這類心理連鎖現象不只出現在新興市場，也曾在 2008 年雷曼兄弟倒閉後出現在成熟經濟體。若無穩定敘事、清楚政策與領導人信用背書，市場將陷入類似「預期崩潰」狀態。新興國家因歷史與機構信任基礎較弱，更容易被恐慌放大效果波及。因此，風險管理的重心應從事後補救轉向事前信任建構。

第七節　從亞洲金融風暴看未來新興市場風險

監管治理與資訊透明的重要性

危機後多國強化金融監理制度，包括提升金融機構資本適足率、加強外匯風險控管與市場異常交易監控。同時，政策溝通品質與資訊揭露透明度也成為穩定市場的核心要素。若缺乏可預測性與一致性，市場將以最悲觀的角度解讀政府作為。未來新興市場需建立一套具韌性的監理體系，不僅包括法律規範，更需包含科技監控工具、預警模型與危機模擬演練，提升全體金融體系的應變能力。

以南韓為例，風暴後迅速建立「市場穩定基金」與「匯率防禦資金池」，提升了對突發性資金流的吸收能力。其後進一步設立由中央銀行與金融監理機構共管的即時異常資本流監控平臺，有效提升整體金融預警反應速度。這些制度創新成為區域性借鏡，也顯示監理能力的提升，需仰賴跨部門協調與法律、數據、制度三者整合。

臺灣的制度預防與風險文化建構

臺灣雖未曾正面遭遇亞洲金融風暴衝擊，卻在制度建構與風險管理文化上深受啟發。中央銀行建立的匯率管理機制、金管會實施的外資即時監測系統與投資人資訊揭露法規，皆成為後來面對次貸風暴與COVID-19市場震盪時的重要防線。此外，臺灣金融教育強調風險認知與資產配置原則，使民間資金運用

第九章　新興市場危機：1994墨西哥與1997亞洲的貨幣戰

較具穩定性，對熱錢變動也有較高承受力。

在政策面，政府也藉由強化國家發展基金與（2000年設立的）國家金融安定基金等公共投資與市場穩定機制、強化公債市場建設，以及建立企業風險控管獎勵制度等方式，讓整體經濟體系具備更高的彈性與預警能力。臺灣的經驗證明，風險意識不只要存在於央行或財政部門，更需深入每一位金融消費者與投資人心中，形塑「全民風控」的文化氛圍。

下一次風暴將發生在更開放的市場

亞洲金融風暴已是二十多年前的舊事，但其教訓至今仍未過時。今日的新興市場面對的是更複雜的資本流動、生態型金融商品、演算法交易與去中心化資產。在這樣的背景下，單靠外匯存底與升息干預已無法對抗市場衝擊。唯有建構制度性彈性、強化信心溝通、擁抱科技監理與深化風險文化，新興市場才能在下一波風暴來臨時，成為擁有主權韌性的應對者，而非被淘汰的受害者。

下一場風暴可能不會再從亞洲或拉美開始，而是出現在更為開放、金融創新更先進但風險防火牆更鬆散的成熟市場。對新興國家來說，唯一的選擇不是追逐自由化與開放的極限，而是在制度設計中保留可控性與緩衝機制，讓市場參與者能在風暴來臨時仍能看見方向、相信制度、願意停留。

第十章
網路泡沫：
2000 年網路時代的第一場幻滅

第十章　網路泡沫：2000年網路時代的第一場幻滅

第一節　網路企業估值模型的扭曲

科技革命下的狂熱推估：想像力取代基本面

1990年代末期，隨著網際網路技術的迅速發展，全球投資人與資本市場開始將目光聚焦於「科技改變世界」的願景。特別是在矽谷，誕生出如 Netscape、Yahoo、Amazon 這類新創企業，儘管它們尚未穩定獲利，甚至連正向現金流都未能實現，卻已被賦予極高的估值。這種現象源於一個集體共識：網路時代的來臨將重塑整個產業架構，而先占市場者將取得壟斷地位，實現無限擴張的可能。正因如此，許多創投與法人機構開始採用「閱覽數」、「點閱率」與「潛在市占率」等新型指標作為估值依據，傳統財務模型中的淨利與現金流反而被邊緣化，市場熱錢如洪水般湧入新創企業，使得一間毫無盈餘的網站公司也能在短時間內市值超過百億美元。

這種脫離基本面的估值方式，固然有其對未來產業想像的正面意義，但也因過度倚賴「增長預期」而忽視了企業實際經營的可持續性。正如經濟學家羅伯特・席勒（Robert Shiller）所指出的，「科技股熱潮是投資人心理偏誤與群體非理性交織下的泡沫」。這不僅是一場關於新技術的資本饗宴，更是一場由過度樂觀預期構成的金融歪曲。

第一節　網路企業估值模型的扭曲

新經濟的估值神話：忽視風險的財務盲點

從 1998 年到 2000 年初，美國納斯達克綜合指數上漲幅度超過 200%，這波漲勢的主力來自以「.com」結尾的科技公司。此類企業普遍採取燒錢擴張策略，並將募得資金投入於大規模的廣告、市場布建與高薪搶才，但在財報上卻無法交出正向盈餘。估值模型中出現了諸如「市價對營收比（Price-to-Sales Ratio）」、「用戶成長曲線推估」等手段，替代傳統的本益比（P/E Ratio）與資產報酬率。更極端者，甚至根據「未來十年可能占據的產業比例」來推算市值，彷彿市場已集體同意：未來一定會贏，現在的虧損只是過程。

這種財務思維的崩解導致一個嚴重問題——風險評估的全面失效。當資本市場的主流邏輯不再重視現金流與償債能力，而專注於「故事性」與「品牌話題性」時，風險將不再被納入價格反應之中。這正是許多科技企業能在未獲利前成功上市的主因，例如 Pets.com、Webvan 與 eToys.com 等，皆在缺乏長期財務穩健架構下快速成長又迅速倒閉。

創投瘋狂進場：資金超配與估值失控

2000 年，美國創投投資規模首次突破 1,000 億美元；1999 年約為 500～600 億美元。以 1995 年約 80～100 億美元相比，2000 年的規模約為其 10～13 倍。這背後的邏輯與其說是對技

第十章　網路泡沫：2000年網路時代的第一場幻滅

術的信心，不如說是對「接下來的資金還會進來」的信仰。許多創投公司甚至公開承認，他們評估一家公司是否投資，不再根據財務模型或商業模式，而是看它能否在短期內完成下一輪融資，或是進入公開市場進行IPO。資本市場成了一場傳遞熱度的遊戲，只要熱度夠，估值自然水漲船高。

這種情況下，企業成長的動機不再是創造價值，而是滿足投資人對未來資本退出的預期。換言之，當投資人問的不是「你什麼時候會賺錢」，而是「你什麼時候可以上市」，整個科技創業生態便從追求永續經營轉向資本運作的舞臺，估值不再反映企業內在價值，而是反映預期接棒的資金有多渴望進場。有觀察指出，這類資本泡沫的背後，常常是過度流動性的推波助瀾與風險資本的集體盲從。

價格失真的警訊：資訊不對稱與盲目擁擠

網路泡沫時期的另一大特徵，是投資者對資訊的過度仰賴媒體包裝與分析師報告。許多大型投資機構與券商分析師以樂觀預測掩蓋潛在風險，甚至與被分析公司之間存在利害關係而未揭露，導致散戶投資人過度依賴「專業建議」做出高估值投資決策。這種資訊不對稱與利益衝突，使得市場價格的反映機制出現重大偏差。

回顧Enron（能源交易）、WorldCom與Global Crossing（電信與光纖網路）等同期間受追捧公司，其問題核心並非僅在使用

第一節　網路企業估值模型的扭曲

non-GAAP 指標，而在於積極甚至違規的會計與揭露手法（如表外特殊目的實體隱匿負債、將費用資本化、以長期黑纖 IRU 交易拉高營收）及欺誤揭露；2001～2002 年間接連爆發醜聞與破產，引發市場恐慌。資訊失真與估值失控的雙重效應，正如行為經濟學者丹尼爾‧康納曼（Daniel Kahneman）所言：「人們高估了自己能掌握資訊的能力，也低估了系統性錯誤的破壞力。」

臺灣經驗與國際啟示：新經濟下的冷靜教訓

　　網路泡沫破滅的餘震亦波及亞洲。2000 年前後，臺灣興起一波以網路為核心的創業潮，許多公司迅速掛牌上櫃或在興櫃市場炒作。當時像是蕃薯藤、Openfind、智冠旗下的網路事業等，也曾因搭上科技熱潮而被高估。然而泡沫破裂後，大量中小企業市值腰斬，投資人血本無歸，甚至連科技人才的信心也一併重創。許多管理顧問也指出，企業在評估技術導入與策略轉型時，應兼顧技術邏輯與財務邏輯，而非僅以「市場想像」為依據進行估值與資源分配。

　　臺灣此番經歷成為警鐘，提醒國內企業與資本市場，在追求新技術紅利時，不可忽略財務基礎與永續經營邏輯。事實證明，估值模型一旦偏離現金流與盈餘等基本面指標，將很難抵抗未來的系統性修正。因此，網路泡沫並非單一時代的錯誤，而是一場金融集體行為偏誤的縮影。

第十章　網路泡沫：2000年網路時代的第一場幻滅

第二節　本益比失效與市場預期災難

▎本益比的概念如何崩潰

本益比（Price-to-Earnings Ratio, P/E）長期以來是股市投資分析的核心指標之一。傳統理論認為，一家公司的股票價格應與其每股盈餘（EPS）形成穩定關聯，而本益比便是這種關聯的具象化。然而在網路泡沫期間，這項指標幾乎完全失去意義。原因在於，多數新創科技公司並未實現盈餘，甚至持續虧損，因此計算出的本益比不是天價，就是負值，失去解釋力。即使如此，投資市場仍持續為這些公司提供高估值，彷彿「獲利」成為不再重要的條件。這一現象不僅違背財務邏輯，也揭示市場參與者對未來預期的高度非理性。

在這段期間，分析師普遍傾向於忽略盈餘，改以「營收成長率」、「網路流量」或「市場滲透率」作為替代指標。這些估值準則雖然試圖合理化成長型企業的價值，但也為市場開啟一扇不受控的預期之門。當預期凌駕現實、故事凌駕數據時，原本用來控制風險的財務指標便無法發揮作用，投資人所依循的「理性定價」邏輯逐步崩潰。

▎預期心理如何變成災難催化劑

網路泡沫時代的市場可視為一場大規模的「預期共舞」。每

第二節　本益比失效與市場預期災難

位投資人都相信科技公司未來會創造巨額利潤，因此他們願意支付高昂價格購買股票，期待他人以更高價格接手。這種思維創造出一種自我實現的繁榮假象，讓人以為價格的飆升代表價值的提升。然而，一旦未來獲利未如預期實現，市場信心便會瞬間瓦解，引發連鎖拋售，進而造成資產價格的全面崩潰。

這場災難的發酵過程往往極為迅速。例如納斯達克指數於2000年3月見頂；隨後一年內約下跌60%，至2002年10月累計跌幅逾75%。許多先前被吹捧為「顛覆產業」的公司接連破產，造成投資人鉅額虧損。這並非單純價格修正，而是一種信任機制的崩潰。市場從集體亢奮瞬間轉為恐慌，是因為所有人都意識到彼此的預期建立在虛幻之上。

財報數字與實際價值的斷裂

在本益比失效的背景下，財務報表的可信度也遭受質疑。許多科技公司利用非公認會計原則（non-GAAP）調整盈餘數字，強調經調整後的「正向發展」，而忽略了現金流量與資本結構的真實壓力。這導致市場對企業財務健康程度的判斷出現嚴重誤差。例如：有些公司在廣告支出與營運成本極高情況下，仍標榜「每用戶貢獻正成長」，實際上卻無法應付基本現金流需求。

這類財報粉飾行為，不僅讓投資人誤判風險，更鼓勵企業以不負責任的方式追求成長。當市場高度期待時，企業管理層也更有動機營造短期繁榮景象，即使是犧牲長期穩健也在所不

第十章　網路泡沫：2000 年網路時代的第一場幻滅

惜。這種斷裂現象在泡沫破裂後尤其明顯，許多企業一夕之間從「潛力股」淪為「空殼公司」，曝露出過往財報虛構的真相。

預期災難對投資文化的衝擊

網路泡沫的爆裂對整體投資文化產生深遠衝擊。過去以本益比為核心的「價值投資」模式一度退場，取而代之的是高成長、高風險的投機風氣。許多年輕投資人初入市場即遭遇泡沫破裂的洗禮，對股市產生極度不信任，甚至視財報與估值為無效工具。這種信仰崩解的結果，使市場信心長期受損，也讓資金對新創產業轉趨保守。

同時，傳統金融教育也遭受挑戰。原本教授本益比與財務指標的課程，面臨學生質疑其實用性。許多商學院與分析師也開始重新思考：在高不確定性的創新產業中，是否仍能適用傳統估值邏輯？這種思辨雖有其必要性，但若走向極端，則可能形成另一種「理論失能」的風險。

後網路時代的省思與建議

本益比失效並不意味著該指標過時，而是提醒我們：任何估值工具都必須與產業特性、成長週期與資金結構相匹配。對於仍處萌芽期的企業，或許短期盈餘不具參考性，但這不代表可完全忽略現金流、負債比與市場進展速度。預期固然重要，但預期應建立在可驗證的商業模式與數據基礎

上，而非無限想像。

對投資人而言，回歸基本面是抵抗泡沫的關鍵；對企業而言，誠實面對財務與策略限制，是長遠成功的基石。市場不會永遠寬容非理性預期，歷史不斷重演，也終將提醒人們，當預期超越現實過多，本益比的崩解，便是下一場災難的起點。

第三節　數位產業的資金錯置與現金流迷思

資金過度集中在「未來」而非「當下」

在網路泡沫期間，資金的大規模湧入帶來了數位產業的迅速擴張，卻也伴隨著一個嚴重問題：資金錯置。所謂資金錯置，指的是資本分配並未導向企業實際營運的關鍵環節，而是過度投注於市場行銷、擴張辦公空間、華麗品牌與話題營造等短期博取關注的策略。許多網路企業尚未建立穩健的營收模式，就已將募得資金燒在廣告與用戶成長曲線上。

這樣的投資方向與資金運用，容易導致現金流斷裂。一家公司若無法在營收尚未穩定之際保留足夠現金應對人事成本、基礎設施與日常營運開銷，那麼即使擁有成長潛力，也可能因資金週轉不靈而倒閉。當時許多企業對「現金流為王」的原則置若罔聞，將注意力放在「市場估值」的虛擬世界，卻忽略了現實世界的資本鏈壓力。

第十章　網路泡沫：2000年網路時代的第一場幻滅

成長不等於獲利：錯誤邏輯的代價

在泡沫熱潮中，一個普遍被誤解的概念是「只要成長夠快，獲利自然會來」。許多創業者與投資人相信，只要不斷擴張用戶基礎與市占率，就能最終主導市場、收割利潤。然而這種「成長等於成功」的邏輯，卻忽略了一項事實：如果沒有明確的營收模型與穩定的現金流支持，那麼成長只是用錢堆出來的表象。

Webvan 是最典型的例子。這家主打網路超市配送服務的新創公司，僅僅三年內就燒掉十億美元，鋪設大量倉儲與物流設施，卻始終無法將配送效率與用戶付費意願平衡。最終，在營運模式尚未成熟、資金消耗殆盡之際宣告破產。這顯示即便擁有技術創新與媒體話題，若無法對應現實財務邏輯，終究難逃崩盤命運。

無現金流支撐的擴張是慢性自殺

許多數位企業在初期成長過快的情況下，往往忽視財務穩健的重要性。他們以融資資金作為主要營運動能，忽略自身造血能力的培養。一旦市場情緒反轉、資金來源斷裂，就會瞬間暴露其內部的資金缺口。這種依賴外部輸血的擴張模式，在投資人還願意追捧時或許看似無礙，但當市場轉向保守，這些企業便會像多米諾骨牌般倒下。

實際上，現金流遠比帳面盈餘更能真實反映企業的生存狀

第三節　數位產業的資金錯置與現金流迷思

況。現金不足即使在帳面有盈餘時也可能導致倒閉，而正向現金流則代表企業擁有可持續運作的能力。因此，不管科技公司多麼新潮或「看起來」多麼具潛力，若無法確保現金流的穩定與長期正向發展，其存續就始終處於危險邊緣。

臺灣案例：從燒錢到轉型的轉折

臺灣也曾出現多起資金錯置的數位創業案。某些當時備受矚目的新創公司，初期以華麗的行銷操作與話題策略贏得媒體版面與資金支持，但在產品尚未成熟、商業模式未成形的狀況下便投入龐大預算進行跨區擴張，導致短時間內資金見底。

以某家早期影音平臺為例，在尚未達到穩定用戶付費轉換的階段，就砸重金建置多伺服器分流與影片製作團隊，結果在無法達標流量變現與廣告收益之前就陷入財務困境。之後雖成功轉型為內容代理與影音製作商，但這場轉型背後其實是對資金運用思維的一次根本修正。

財務紀律才是創新的土壤

數位產業要發展，創新與速度固然重要，但若缺乏財務紀律與現金流控管，最終只會走向資金斷裂的死胡同。企業若能在初期就建立「現金為本」的資源分配觀念，把有限資源投入最能產出價值的環節，才有機會走出燒錢換估值的陷阱，真正打造長期競爭力。

第十章　網路泡沫：2000 年網路時代的第一場幻滅

更重要的是，投資人也應改變過去單憑用戶數、流量與想像力來衡量企業潛力的思維模式。回歸對現金流結構、資金使用效率與單位經濟模型的分析，才有機會避免再次陷入資金錯置的泥沼。這些教訓提醒我們，科技創業不只是點子與執行力的競賽，更是現金流與資金配置的硬仗。

現金流才是真實力的證明

網路時代的創新熱潮固然令人振奮，但資金錯置與現金流斷裂的教訓也提醒我們，企業的價值不能只靠預期堆疊，更要落實於財務穩健與營運效能之上。當市場再度吹起新技術的風口，我們更應警惕：沒有現金流支撐的未來，是一場隨時可能破滅的幻夢。

第四節　資本市場對新科技的「迷信效應」

投資熱潮如何誤導判斷

當科技產業的創新概念成為資本市場的焦點時，投資人與分析師往往會進入一種「集體迷信」的狀態。他們不再檢視企業的實質價值，而是被新科技所代表的「未來性」迷住了雙眼。這種迷信效應不單是對技術本身的信仰，更是一種對「下一個顛覆性革命」的渴望投射。在網路泡沫期間，從入口網站與電子商

第四節　資本市場對新科技的「迷信效應」

務（B2C/B2B）、寬頻與光纖骨幹、網路基礎設施與行動通訊、ASP／雲端雛形到早期的線上社群與搜尋，每個掛上「.com」或相關科技標籤的公司幾乎都能快速吸引資金，無論其商業模式是否可行。

這種盲目追隨的行為，來自於一種市場心理偏誤：大家寧可錯信，也不敢錯過。投資人心中那句「萬一它是下一個亞馬遜怎麼辦？」成為一切投資決策的出發點。於是評估標準從可行性、風險與財務報酬轉向「話題性」與「創新標籤」，甚至連專業機構也難逃其中，被拉入泡沫的資金旋渦。

概念先行：市場變成科技預言場

資本市場的迷信效應往往由媒體與創投口徑推波助瀾。創業者不再僅靠產品說話，而是靠一套講得動人的故事，勾勒出未來的科技圖像。越是模糊難懂的科技概念，越能激發想像力，也越容易被投資人「賦能」。在這樣的環境下，市場對於「量子電腦」、「區塊鏈」、「IoT」等新興技術抱持極高預期，即便實際商轉時間未知，仍願意投入鉅資。

這導致資本市場漸漸從「驗證現實」的場域，轉變為「預言未來」的競技場。企業估值也不再基於目前營運表現，而是基於未來五年、十年的「可能性」來建構。當整個生態圈共同營造出「這是下個世代改變世界的技術」氛圍時，即便是毫無實際營收

的企業，也能獲得數十億美元估值。這種「先定未來、再補現實」的邏輯，讓市場如賭場一般瘋狂。

社群與媒體的誤導力量

現代資本市場中，媒體與社群平臺的角色日益關鍵。特別是在新創公司仍未上市的早期階段，社群的聲量與媒體報導常常會決定資金流向。過度美化與樂觀報導導致資訊偏差，而社群平臺更加速了投資人之間的情緒傳染。這形成了一種「共感型迷信」，即每個人都從別人的信心中獲得信心，卻沒有人真正去檢視背後的實際數據。

在網路泡沫期間，不少科技公司刻意營造媒體關注，例如透過誇張的記者會、話題合作或名人投資來刺激市場期待。這類操作往往成功引發股價短期飆升，但也放大了崩盤時的破壞性。當迷信退潮，市場情緒反轉，過去那些以聲量為基礎的估值瞬間蒸發，許多企業也隨之破產收場。

技術無罪，但過度神化有害

新科技的出現確實具有顛覆產業的潛力，問題不在技術本身，而在於資本市場對技術過度神化。當技術變成信仰，它便超越了理性分析的範疇，也模糊了風險邊界。在這種情境下，科技公司失去了被檢驗的機會，只剩被崇拜的光環。

這也導致許多原本可能穩健成長的企業，在追求「估值最大

化」的壓力下過度擴張或貿然上市，結果反而提前暴露營運風險。過度迷信讓市場失去了批判性，讓企業失去了自律機會，當風險真正爆發時，便形成全面性的系統震盪。

去神化，重回常識的估值路線

資本市場對科技的信心是經濟發展的推手，但這種信心必須建立在實證與可檢驗基礎上。唯有去除過度神化的迷思，讓估值回歸商業邏輯與風險原則，科技創新才能真正轉化為產業力量。當技術成為新時代的神祇，我們更需要謹記：信仰不能取代審慎，迷信無法創造價值，唯有常識與紀律，才是資本的真正守門人。

第五節 泡沫怎麼吹大、又怎麼破？

投資人心理與資金流的共振效應

泡沫的形成，不單是資產價格的脫序上漲，而是一場集體心理與資金流動之間的共振。當人們發現某類資產價格快速上漲、報酬驚人時，即使缺乏理解與分析，也傾向追隨潮流進場。這種「害怕錯過」的心理，讓人們忽視風險，只想搶搭下一班資本快車。媒體、投資論壇與券商報告不斷強化這股預期，使得越多人投入，資產價格便越被抬高，從而構成一種正

第十章　網路泡沫：2000年網路時代的第一場幻滅

向循環。

在這樣的環境中，原本理性審慎的投資人也可能改變行為模式，從基本面分析轉向短期價格博弈。越來越多的資金湧入相同的標的物，資產價格出現倍數成長，但這一切皆建築在預期之上，而非實質價值之上。

評價機制的瓦解與價格資訊的扭曲

泡沫的膨脹會破壞市場中原有的價格訊號機制。當股價不再反映企業的獲利能力與資產品質，而僅僅是市場情緒的代名詞時，價格便喪失其資訊功能。這樣的市場條件，使得合理估值變得困難，甚至讓許多基本面良好的企業遭到忽略，而僅因缺乏話題與故事而被市場排除在外。

同時，評價機制的崩壞，也會促使企業經營者迎合資本市場的喜好。公司不再致力於改善營運，而是將資源投入在推升股價與博取媒體關注上，透過收購、分拆、重組與「講故事」的方式營造利多。這進一步助長了資產價格的虛胖，也讓泡沫成分不斷擴大。

系統性脆弱性與單一事件的引爆

泡沫之所以脆弱，是因為它依賴於持續不斷的信心與資金流。只要一個環節出現動搖，整個系統就可能土崩瓦解。歷史上，泡沫的破裂常常由一個看似偶然的小事件引爆，例如某家

第五節　泡沫怎麼吹大、又怎麼破？

大型企業的破產、關鍵人物的財務醜聞,或是一份意外走勢的財報。

當泡沫達到臨界點,市場會對風險重新定價,原先被忽略的問題將被快速放大。資金開始撤出、賣壓出現、估值急遽下修,引發連鎖反應,從個別公司擴散到整體產業甚至金融體系。這種現象在網路泡沫破裂後的 2000 年至 2002 年間展現得淋漓盡致,無數科技企業股價崩跌,數以千計的投資人血本無歸。

政策延後反應與市場自律失效

泡沫的形成與破裂中,監理機構往往扮演著關鍵但反應遲緩的角色。由於泡沫初期市場氣氛樂觀、經濟數據亮眼,監管機構難以出手干預,甚至可能因政策寬鬆、利率過低等因素,助長了資產泡沫的形成。當市場風險累積至極限時,才開始採取緊縮措施,此時往往為時已晚,導致泡沫崩潰更加猛烈。

此外,市場本身的自律機制也在泡沫中失靈。投資人不再以長期績效與風險控管為原則,而是追求短期價差;企業則重行銷、輕獲利;分析師與媒體更容易選擇迎合市場情緒而非提供冷靜觀察。這些集體失衡構成了泡沫最深層的結構性危機。

泡沫不是異常,是人性未解的循環

泡沫不只是金融現象,更是人性的鏡子。它呈現了人們對機會的渴望、對風險的忽視、對一致性的追求與對未來的過度幻

第十章　網路泡沫：2000 年網路時代的第一場幻滅

想。每一次泡沫的誕生與破裂，都是人類理性與非理性的交戰。

泡沫會吹大，是因為人性傾向於樂觀與模仿；泡沫會破裂，是因為現實終將檢驗預期。我們無法根絕泡沫，但可以理解其邏輯、認清其訊號，並在下一次循環來臨前，更加審慎。

第六節　投資人損失與退休基金受害機制

風險分散失靈：投資人如何陷入集體傷害

網路泡沫的破滅對一般散戶投資人帶來巨大衝擊。許多投資人因為資訊不對稱、過度信任券商與媒體報導，加上自身缺乏財務知識，導致高點進場、低點出場，最終承受慘重虧損。原本應作為避險的多元投資組合，在泡沫高漲時反而被同類資產綁架，導致整體資產遭遇「系統性共跌」的情況，風險分散失去效用。

更令人震驚的是，許多投資人即便未直接購買科技股，仍因基金配置與退休金制度間接暴露於科技泡沫之中。他們並未意識到自己的資產配置中其實已大量持有高風險網路產業部位，當泡沫破裂，連帶損失也一併承受。

基金經理人與報酬壓力的惡性循環

共同基金與退休基金在當時為了追求相對報酬率，紛紛將資金投入熱門科技股。這些專業機構原本應該扮演穩定市場的

第六節　投資人損失與退休基金受害機制

角色,卻因資金規模龐大與績效壓力,轉而成為泡沫擴大的幫凶。當指數中權值股以科技公司為主時,若基金不跟進投資,將在短期報酬上落後其他競爭者,引發投資人贖回潮。

這種市場結構使得基金經理人即便心知泡沫正在形成,也不得不進場「參一腳」,否則將面臨績效考核與職涯風險。此種機構動能反而加劇了價格非理性上升的速度,並在泡沫破滅後將損失分散至廣大退休金與一般戶頭上。

退休基金的潛藏危機:制度性脆弱的警訊

美國、加拿大、英國等國的退休基金,過去習慣配置於大型穩健企業與藍籌股,但在 1990 年代後期,科技類股快速躍升為市值主流,許多退休基金被動配置也因此重押科技。這種偏離穩健原則的資產配置,使得退休基金對泡沫的承受力遠低於想像。

此外,部分退休基金為追求收益,投入風險更高的科技創投或私募基金,導致資金流動性與風險控管能力明顯下降。一旦市場反轉,這些部位難以快速變現,對整體基金運作造成連鎖衝擊,也影響退休金給付能力與制度信賴基礎。

臺灣退休與保險基金的間接曝險

在臺灣,雖然公務人員退休撫卹基金與勞保基金在泡沫期間對科技股曝險比例有限,但間接配置問題仍不容忽視。透過國內外投信發行的基金產品、保單型投資工具等,許多民眾的

第十章　網路泡沫：2000 年網路時代的第一場幻滅

儲蓄與保險資產實際上仍高度暴露於科技泡沫風險。

例如：在 2000 年前後熱銷的國內科技型基金與全球資訊科技型基金廣泛分布在銀行通路與壽險業產品中，使得一般民眾即使未主動參與股市，也可能因間接投資而受損。這暴露出臺灣退休與保險資金管理對資產配置透明度與風險溝通的不足，也突顯金融商品教育與監管的迫切性。

泡沫破滅下的隱形受害者

網路泡沫的爆裂不僅是股價回調的問題，更是一場金融制度對風險承擔機制的壓力測試。那些原本以為已分散風險的投資人，最終發現自己置身風暴中心；而被設計為穩定生活保障的退休與保險制度，也因錯誤配置與制度設計漏洞而成為泡沫的無聲犧牲品。

這些現象提醒我們，風險不只是資產波動，更是制度配置與認知失衡的總和。真正的風險管理，從來都不只是選對標的，而是建立清楚、誠實且具責任的資金運用邏輯。

第七節　泡沫重演的風險指標

市場狂熱指數與非理性溫度

泡沫的形成往往伴隨一段無視基本面、價格失控上升的狂熱期。在這段期間，資本市場中會出現許多異常現象：交易量暴增、新開戶數攀升、散戶參與率創高，乃至於媒體每天報導「下個財富奇蹟」的故事。這些現象可以被統稱為「市場情緒指標」。當一個市場的參與者越來越多是因為「擔心錯過」而非「理解價值」，就說明非理性正逐步取代理性。

經驗顯示，每當股價與企業盈餘脫鉤程度越大，市場的風險也越集中。價格飆漲的背後若缺乏相對應的營運成長、獲利穩定與現金流支持，那麼泡沫的機率將急速上升。這種情緒性追價行為常使投資人誤以為「還會漲更多」，而忽略風險正在擴大。

國際案例與歷史回顧：警訊總在爆發之前

2006～2007年，美國次級房貸市場開始出現違約潮，當時的價格指數尚未明顯下跌，但部分地區的房屋銷售速度驟降、建商庫存攀升，卻未引起足夠重視。大型投資機構持續將次貸包裝成AAA級債券販售，市場沉迷於資產證券化與高收益結構商品的幻象中。等到2008年雷曼兄弟破產，才讓投資人驚覺

第十章　網路泡沫：2000年網路時代的第一場幻滅

「安全資產」其實早已潰堤。

類似情況也發生在2018～2021年間的「SPAC泡沫」。特殊目的收購公司（SPAC）作為新型IPO模式被過度包裝，大量毫無營運基礎的新創企業藉由SPAC上市，估值飆升。然而2022年起，隨著升息與資金緊縮，SPAC相關公司股價集體崩盤，投資人血本無歸。這些都證明：預警往往不是不在，而是被集體否認或選擇性遺忘。

泡沫預警不難，難的是相信它

估值失衡是泡沫形成的核心警訊之一。當傳統的估值工具（如本益比、股價淨值比、自由現金流折現模型等）與實際市場價格長期背離，且未受到市場修正，意味著投資人已不再依循企業內在價值，而是在追逐價格波動本身。

此外，技術指標如RSI（相對強弱指標）、MACD（移動平均收斂背離）等，若持續處於過熱區間也構成警訊。若這些技術信號與基本面評估一致出現泡沫訊號，應視為高度警覺時刻。不僅如此，部分「指數化投資」策略會因指數權值股被不斷推升而自我放大風險，進一步掩蓋基本面惡化的真相。

融資槓桿與流動性放大的機制

金融市場中的融資槓桿與衍生性商品，是泡沫迅速膨脹的重要推手。當市場情緒偏多，投資人願意以信用融資方式放大

部位,並進一步透過期貨、選擇權與複雜的結構性金融商品進行加碼投資,實際上是將一份資金風險複製成數倍的風險暴露。

這類槓桿交易行為在泡沫形成時被視為「效率工具」,但在泡沫破裂時卻轉化為加速下跌的連鎖催化劑。過度依賴低利環境與資金流動性的市場,當面臨升息或資金回收時,極易引發恐慌性賣壓與資產崩跌。

宏觀訊號與政策預警的忽略

泡沫重演往往不是因為市場缺乏資訊,而是選擇性忽視。無論是央行政策轉向、企業債務比升高,或是貨幣寬鬆政策即將緊縮的訊號,許多投資人仍沉醉於短期繁榮,無視這些早已浮現的風險端倪。

當利率進入上升循環、資金成本提高時,理論上應引發資產重新評價;但若市場未及時反應,代表資產價格已陷入泡沫狀態。此外,政策制定者若因擔憂干預市場而延遲警示與干預,也會錯失提早引導市場軟著陸的機會,導致硬著陸與非理性殺盤的災難性後果。

第十章　網路泡沫：2000年網路時代的第一場幻滅

第十一章
信用泡沫與雷曼：
2008年次貸風暴全解構

第十一章　信用泡沫與雷曼：2008 年次貸風暴全解構

第一節　房貸證券化與 CDO 結構的爆炸風險

金融創新如何掩蓋房貸真實風險

2000 年代初期，美國房市景氣持續升溫，房價屢創新高，被視為最安全的資產類別之一。銀行與貸款公司為擴大利潤，大舉提供房貸給信用條件低落的借款人，這些貸款稱為「次級房貸」。表面上，這讓更多人能圓夢購屋，但背後卻蘊含高違約風險。為了將這些風險轉嫁出表，金融機構開始將房貸打包成債券，形成所謂的「房貸擔保證券（MBS）」。進一步，這些 MBS 又被再包裝為結構更複雜的「擔保債務憑證（CDO）」，並分層販售給不同風險承受能力的投資人。

CDO 的誕生初衷是透過風險分層設計，讓不同信用等級的投資人都能參與房地產市場的成長果實。然而實際操作中，這些商品不僅高度複雜、難以拆解，也在評等機構默許下，將高風險貸款包裝成表面「AAA 等級」的高安全資產，讓市場大規模誤判其穩定性。事實上，許多被購買的 CDO 內容早已充斥大比例的次貸資產，根本不應取得如此高的信用評等。

結構設計中的脆弱機制

CDO 的結構可分為高級層（Senior）、次級層（Mezzanine）與權益層（Equity）。高級層因優先獲得現金流，風險最低；次級

第一節　房貸證券化與 CDO 結構的爆炸風險

層與權益層則必須承擔較大損失。但問題在於：一旦整體違約率升高，所謂的「分層保護」將不復存在，高級層亦難逃重傷。這種結構性脆弱源於低估違約之間的相關性與尾端共變動，並高估地區分散能降低共同違約機率的效果；當房價同步下跌時，相關性飆升使分層保護迅速失效。然而現實卻是，當房價下跌、整體經濟走弱時，違約將大範圍同步爆發，原本預計的風險分散機制反而成為傳染平臺。

此外，這些 CDO 大量轉售給各類金融機構、退休基金、保險公司與主權基金，銀行及其關聯的 SIV／投資部位也留有相當敞口，形成「誰持有什麼與持有多少」皆不透明的資訊盲區。這種高流動性的轉售與再包裝機制，讓風險迅速滲透至全球市場，也使得任何單一錯誤評估，都可能引爆系統性危機。

信用衍生品與槓桿的放大效果

更令人擔憂的是，許多 CDO 並非終點，而是進一步與 CDS（信用違約交換）等金融衍生商品捆綁。銀行與投資機構為提高收益與交易規模，經常對 CDO 部位進行槓桿操作，甚至多達 10～30 倍。這意味著，一旦資產價值下滑 5%，實際損失便可能達到 50% 以上。這種槓桿設計將本來局部的信用事件放大為廣泛金融震盪。

CDS 本意是保護債券持有人免於違約損失，實際上卻成為投機工具。投資人無需持有 CDO 即可購買其違約保險，製造出

第十一章　信用泡沫與雷曼：2008年次貸風暴全解構

「空氣部位」，使整體曝險遠大於實際資產規模。當違約風險上升並需追加保證金時，AIG陷入嚴重流動性危機；若無美國政府緊急介入，將無法履行大規模CDS契約，進而引發連環性的信任危機。這套結構類似一座建立在信心與假設上的金融塔，稍有風吹草動便足以崩塌。

全球傳染與本土經濟的連鎖反應

2008年雷曼兄弟倒閉後，CDO市場陷入恐慌性拋售。各大金融機構急欲減碼風險部位，卻發現市場流動性消失。由於沒人能精確估算手中CDO的真實價值，每個人都視對方為潛在違約者，信貸市場迅速凍結。從華爾街到倫敦、法蘭克福、東京，CDO部位的清算危機橫掃全球，連帶使跨國銀行出現流動性不足、股價崩跌，進而壓縮放款能力，波及實體經濟。

在臺灣，雖未大規模參與CDO市場，但部分保險公司與投信機構因購入結構債券或「掛名高評級」的CDO產品，亦遭受損失。銀行信用緊縮、企業資金鏈緊張、出口企業訂單驟減等情況同步浮現，使得全球性的金融產品問題，成為影響民間就業與企業倒閉的主因之一。

金融創新的代價與反思

房貸證券化與CDO本是試圖分散風險的工具，最終卻成為累積風險的容器。其根本錯誤在於市場過度信賴金融模型、過

度依賴評等機構、過度使用槓桿工具,並忽視資訊透明與責任鏈條的斷裂。這些錯誤交織形成一個脆弱而宏大的信任幻象。

2008年金融風暴證明,結構性商品一旦脫離實體資產邏輯,便會成為引爆市場的地雷。真正值得反思的,不是創新本身,而是創新的動機是否健全、制度是否能跟上變化、風險是否能被誠實揭露。否則,每一次創新高潮的背後,都可能潛藏著下一場災難的種子。

第二節　信評機構的誤導與資訊不對稱

評等制度的信任機制失效

信用評等機構本應作為金融市場的把關者,負責為債券與其他金融商品提供風險等級判斷,幫助投資人辨識潛在風險。然而在2008年次貸風暴爆發前,這套制度卻出現嚴重偏差。評等機構如穆迪(Moody's)、標準普爾(S&P)、惠譽(Fitch)等,將大量次級房貸相關的證券商品評為最高等級AAA,誤導全球數以千計的投資人與基金管理者錯估風險。

這種錯誤不只是技術性判斷失誤,更與評等機構本身的營運模式息息相關。在「發行人付費」制度下,發行金融商品的機構會直接付費給評等公司。當評等機構為了保住市場份額與客

第十一章　信用泡沫與雷曼：2008年次貸風暴全解構

戶關係而傾向給出高分評價時，評等的獨立性便淪為裝飾。這形成了「商業模式驅動信任崩壞」的核心問題。

結構商品的資訊迷霧

CDO 與 MBS 這類結構性商品的複雜程度，使得即使是專業投資人也難以看清其底層資產組成與實際風險。許多評等報告僅列出總體的平均違約機率，卻未說明資產間的相關性與連動風險。在現實中，許多 CDO 的底層資產早已重複交叉、多次打包，形成所謂的「CDO 的 CDO」。這使得風險估計近乎不可能。

當投資人過度信任 AAA 評級，不再自行評估商品內容時，評等機構等同掌握了風險資訊的詮釋權。一旦這種詮釋偏離事實，錯誤即會在市場間大量複製與擴散，讓原本應該分散風險的金融商品反成集中風險的工具。

臺灣與亞洲市場的間接曝險

在亞洲地區，許多銀行與保險公司透過外國投信購入美國 CDO 商品時，首要評估依據即是國際信評機構的等級標示。這導致即使投資單位對結構商品缺乏深入了解，也會在評級「AAA」的光環下大膽配置資金。例如在臺灣，一些保險公司購入的 CDO 商品，在雷曼事件後被發現實際風險遠高於原先預期，對資本適足率產生壓力。

此情況突顯評等制度在跨境金融商品中的關鍵角色。當評

第二節　信評機構的誤導與資訊不對稱

級無法真實反映風險,且投資人對該制度抱持過度信任,全球金融市場便形成一種「資訊依賴性脆弱」的體系,一旦核心評價出現偏差,便可能迅速引發大範圍市場失序。

評等機構改革與制度性困境

次貸風暴後,國際社會普遍呼籲對信評機構進行制度性改革,包括取消發行人付費制度、引入第三方風險模型審查、強化透明度與揭露義務等。部分國家也嘗試建立政府授權的獨立評等中心,以作為與商業評等公司的替代。

然而,評等市場高度集中、業務技術門檻高,加上市場參與者對「大牌機構」的依賴習慣難以改變,使得改革推動步履維艱。此外,信評機構往往以「僅供參考」為法律防線,對評等結果不承擔法律責任,也使得其風險意識與責任感不足。

信任與資訊落差的雙重陷阱

評等機構的角色,本應是風險資訊的守門人,卻因商業誘因與制度漏洞,成為風險錯估的推手。當投資人依賴評級做決策,而評等又未能忠實反映底層風險,市場便陷入資訊落差與信仰幻象的雙重陷阱。

2008 年金融風暴提醒我們,資訊透明與多元評估機制缺一不可。若評等制度不改革、投資文化不轉型,那麼即使商品形式不同,下一場錯估風險的災難仍會重演。

第十一章　信用泡沫與雷曼：2008年次貸風暴全解構

第三節　大到不能倒？還是早該倒？

雷曼兄弟的倒下不是偶然

2008年9月15日，美國第四大投資銀行雷曼兄弟宣布破產，成為金融危機的轉捩點。許多人問：「雷曼是不是太大不能倒？」但更深層的問題是，它是否早就該倒。雷曼的風險暴露早在兩年前就不斷浮現，從高槓桿比率、龐大的CDO部位、流動性緊張到帳面資產膨脹，其實都已構成潛在危機。然而市場與監理機構選擇忽視，直到資金鏈斷裂的最後一刻才驚覺事態嚴重。

雷曼不是唯一擁有高風險資產的金融機構，但它的失敗在於沒有適時減碼，也無法及時找到買家接手，最終成為市場信心崩潰的引爆點。這起事件揭露一個根本問題：當金融機構龐大到其失敗會威脅整體體系時，它們就處於一種「要嘛被救、要嘛毀滅」的困局。

「太大而不能倒」的制度性風險

「太大而不能倒」(Too Big To Fail) 不僅是一句口號，更是一種結構性風險。當銀行、保險公司或金融控股機構規模過大、業務交錯遍及全球時，其倒閉將產生難以估計的連鎖反應，從而迫使政府與央行被動出手相救，形塑一種「市場道德風險」。

這種預期讓大型機構更敢冒險，因為即使失敗也會獲得紓

困，成本將由納稅人與整體市場承擔。這種模式類似金融資本主義的「國有損失、私有利潤」制度，不僅削弱監管威信，也對中小機構造成競爭不公。雷曼事件的悲劇，在於當局選擇不救，而其他類似機構卻在隨後被救，造成市場混亂與公平正義質疑。

政策應對的兩難與信任危機

在雷曼破產前，美國財政部與聯準會曾協助救助貝爾斯登與房利美、房地美，讓市場預期雷曼也將獲得政府背書。然而在政治壓力與道德風險顧慮下，政府終於拒絕提供擔保，導致雷曼無法取得資金援助，最終走上破產一途。

這種「選擇性紓困」政策，使市場對政府角色產生極大不確定。有人認為應一視同仁，讓所有失敗企業自負盈虧；也有人主張在系統性風險高漲時，政府有責任避免全面崩潰。兩種聲音之間的拉鋸，使得政策失去了穩定市場信心的功能，反而讓恐慌情緒迅速蔓延。

後雷曼時代的改革與殘局

雷曼倒閉之後，美國政府與全球各大央行展開史無前例的救市行動，包括 TARP 計畫（不良資產救助）、聯準會量化寬鬆、流動性支持機制等。雖然短期內穩定市場，但也留下後遺症：過度依賴央行政策、金融體系再度集中與槓桿化、資產泡沫風險擴大。

第十一章　信用泡沫與雷曼：2008 年次貸風暴全解構

同時,「大到不能倒」的機構非但未被拆解,反而藉由合併與擴張變得更大。摩根大通收購華盛頓互惠銀行,美銀併購美林,花旗集團獲得大量資本援助——這些案例顯示,危機不一定讓風險機構退場,反而可能加深其市場支配力。

該救誰？該放誰倒？

「大到不能倒」的問題,其本質是制度選擇與政治勇氣的交鋒。若政府每次都選擇救市,將強化市場的風險偏好與投機行為;若任由大型機構倒閉,則可能引發系統性崩盤與民眾損失。真正的解方不在於一味救或不救,而是建立事前監理與風險拆解機制,讓大型機構「可以倒」但「不會一倒就全垮」。

雷曼的教訓,是關於信任、規模與制度韌性的三重警訊。它提醒我們,市場不是永遠理性,制度不能總靠危機管理。要預防下一次災難,必須從讓系統可控、讓機構能倒開始。

第四節　量化寬鬆與無限救市的兩難

非傳統貨幣政策的起點

當 2008 年金融市場全面崩潰時,美國聯準會在傳統利率工具失效之下,開啟了一場貨幣政策的新實驗:量化寬鬆(Quantitative Easing,簡稱 QE)。QE 的核心作法,是由央行直接在市

第四節　量化寬鬆與無限救市的兩難

場上大量購買長期國債與資產擔保證券（MBS），藉此壓低長期利率、提高銀行準備金，進而促使信貸恢復與資本市場活絡。這是一種非常手段，目的在於避免信用體系全面瓦解。

初期 QE 確實穩定了市場，避免了流動性崩潰的惡性循環。但這場貨幣政策的「非常介入」，也逐步引發資產價格與經濟基本面脫節的現象。從 2009 年開始，美股與不動產價格迅速回升，帶動投資信心，但實體經濟復甦卻未如預期同步，加劇了「資產富者愈富，實體弱者愈弱」的兩極困局。

資產價格與經濟基本面的脫鉤

QE 創造的資金洪流並未大量進入實體經濟的創新與生產，而是流向股市、債市與房地產市場。美國標普 500 指數從 2009 年谷底的 676 點飆升至 2015 年超過 2,000 點；大城市房價重新飆漲，但中產與貧困階層的薪資增長卻停滯。實質薪資長期停滯的情況下，資產價格飆升，實則強化了社會階層不平等。

更嚴重的是，企業也趁低利率時代大量舉債，進行庫藏股回購或財務操作，而非投入研發或擴產。這使得資本市場表面欣欣向榮，實則投資生產率與就業成長乏力。量化寬鬆原意在於刺激經濟活動，卻因資金分配機制偏斜而出現「股市繁榮、薪資停滯」的扭曲效果。

第十一章　信用泡沫與雷曼：2008年次貸風暴全解構

政策成癮與市場操控的邏輯

QE的最大副作用之一，是催生了市場對央行政策的過度依賴。「聯準會看跌期權」（Fed Put）成為市場慣性操作的邏輯：每當市場出現修正，投資人便預期央行會出手干預。這使得市場不再根據企業基本面定價，而是根據央行是否「表態」行動。

2013年「縮減購債風波」（Taper Tantrum）即是一例。當時聯準會僅透露可能逐步減少購債規模，便引發全球市場資金大幅撤出新興市場，造成債市與匯市大幅波動。這樣的情況顯示，央行政策已不再是宏觀調控的工具，而是被視為市場穩定的「最後救星」，無法退出亦無法觀望，進退兩難。

通膨預期與政策極限的測試

儘管2008～2015年間的QE並未造成明顯的物價通膨，但其實早已累積了資產通膨與制度性依賴的風險。到了2020年COVID-19疫情爆發後，全球央行進一步擴張QE規模，美國聯準會甚至祭出無上限購債政策，聯邦資產負債表膨脹至歷史新高，全球流動性空前寬鬆。

這也直接引爆了2021至2022年間的全面通膨。美國CPI年增率一度突破9%，迫使聯準會於2022年啟動自1980年代初以來最快速的升息循環。這場「QE後遺症」不僅重擊家庭開支與企業融資，更顯示了央行政策在連續救市後已進入極限邊界：升息太慢，通膨失控；升息太快，市場崩跌。

第五節　信用與流動性雙殺：為何市場瞬間崩潰？

貨幣政策的邊界與制度韌性

量化寬鬆曾是危機時刻的重要救命工具，但它無法長期作為替代結構改革與產業升級的萬靈丹。過度依賴貨幣政策將導致市場行為偏離實體經濟，投資人只看央行態度而非基本面；政府部門將政策延宕，欠缺積極改革誘因；資產持有者得利，實體勞動者卻無感。

未來的經濟穩定，不該只靠央行注資，而是要回歸制度設計本質：提升財政紀律、修復所得分配、強化市場價格真實性。QE 可以短期提振信心，但若缺乏退出策略與風險管理，它將不再是穩定的工具，而是下一場泡沫的催化劑。

第五節　信用與流動性雙殺：為何市場瞬間崩潰？

信用斷裂的傳染鏈條

2008 年金融危機並不是從實體經濟開始崩壞，而是從金融信用的斷裂開始蔓延。當次級房貸違約潮爆發、CDO 商品評價暴跌、投資機構資本不足，第一波損失雖然集中於華爾街，但信用市場的全面緊縮卻使整個金融體系迅速收縮。銀行之間不再信任彼此的資產負債表，隔夜拆款市場凍結，連帶使得企業無法取得短期融資、資產管理公司無法履行贖回承諾。

第十一章　信用泡沫與雷曼：2008年次貸風暴全解構

這種信任的瓦解,並不是抽象概念,而是具體地反映在資金調度的停擺。當每家機構都擔心對手將違約,市場便陷入自保循環:不借、不放、不動。這種現象並非來自利率本身高低,而是來自流動性根基的崩壞,進一步放大市場恐慌情緒,導致信貸工具如商業本票、回購協議、企業債券全面失效,形同經濟命脈被切斷。

銀行資本壓力與連鎖斷裂效應

流動性危機往往轉為資本危機。當資產價格崩跌,銀行與保險公司所持有的投資組合價值大幅減損,根據會計準則需立即認列損失,使得資本適足率下降。為避免遭到降評與監管懲處,機構紛紛選擇出售資產、縮減貸款部位,進一步使市場資產價格遭受拋售壓力,加速系統收縮。

這種資本自救機制會觸發「去槓桿化」(deleveraging)的骨牌效應:高槓桿操作的避險基金、房地產投資信託、甚至銀行本身紛紛陷入資不抵債的邊緣。當市場參與者集體降低槓桿,流動性需求激增但供給緊縮,便形成典型的信用與資金雙殺(credit crunch + liquidity squeeze),使得本來健康的資產也無法維持交易。

第五節　信用與流動性雙殺：為何市場瞬間崩潰？

實體經濟的資金斷鏈

信用與流動性的斷裂，不僅限於金融市場，而是迅速蔓延至實體經濟。企業無法再從銀行取得融資，就無法支付供應商貨款與員工薪資；家庭若無法取得房貸或信貸，也無法購屋、消費。雷曼倒閉後數週至數月間，美股大幅走弱：約三個月內主要指數下跌約三成；至 2009 年 3 月低點時，自高點累計跌幅逾五成。

在臺灣，雖未直接持有大量 CDO 部位，但銀行與壽險機構受歐美資本市場拖累亦遭受間接波及。部分保險公司帳面淨值大幅縮水，引發退保潮；科技與製造業企業訂單驟減，外銷導向產業陷入困境，顯示信用與流動性的崩壞不分國界，只要參與全球市場，便難置身事外。

貨幣政策救火與市場信心修復

當信用與流動性全面崩潰，央行成為唯一的流動性提供者。美國聯準會於 2008 年 10 月緊急啟動 CPFF 等計畫介入商業票券市場，並在同年 11 月宣布、2009 年 3 月實施 TALF 以支持 ABS/MBS 等市場，試圖恢復資金正常流動。其他國家央行如歐洲央行、日本銀行、英國央行也接連祭出資金互換機制與再貼現措施，以防止本幣資金遭受美元荒牽連。

然而，信心的修復遠比資金的注入更艱難。就算央行放水，

第十一章　信用泡沫與雷曼：2008年次貸風暴全解構

若市場仍不相信資產價格真實性、無法估算對手風險，資金仍會停留在金融體系內部，無法傳導至實體經濟。這就是2008～2009年間「資金淤積效應」的根源，央行撒錢但貸款與消費未見明顯復甦，導致政策效果受限。

信任與流動性的雙重破口

金融體系的穩定仰賴兩大支柱：信用與流動性。當這兩者同時崩壞時，任何模型、政策或利率調整都難以即刻奏效。這一節提醒我們，市場的運作不僅依賴價格與數據，更依賴心理預期與信任機制。風險不是發生在指數崩跌時，而是當每個參與者選擇「不信任」的那一刻起，危機就已全面展開。

面對未來，建立更具前瞻性的風險監測系統、強化機構流動性壓力測試、強化跨機構透明度，都是避免雙殺重演的關鍵。畢竟，一旦信任崩潰，市場即便資金充沛，也可能形同枯井無水。

第六節　危機如何從金融傳導到實體

銀行信貸緊縮如何癱瘓企業鏈

當金融危機從華爾街蔓延開來，第一道衝擊波就是銀行資本的收縮與信貸緊縮。當銀行不再信任彼此，也無法確保借出去的錢能回收時，它們會選擇保守經營、減少放款。中小企業往

第六節　危機如何從金融傳導到實體

往首當其衝,因為這些企業缺乏與銀行長期往來的信用憑證,又無法提供足額擔保,成為被斷貸的第一環。

資金斷鏈的結果,是企業無法支付供應商貨款、員工薪資或應對短期週轉所需的現金。原本正常營運的公司因為資金週轉不靈,被迫裁員、減產甚至倒閉。這不只是個別公司的困境,而是產業鏈全面遭受擠壓的徵兆。一家零件供應商倒閉,可能導致整條生產鏈延遲,最終影響出口商、零售通路乃至國際貿易節奏。

消費者信心崩潰與支出大幅收縮

信用危機的另一頭是消費者。當家庭看到銀行倒閉、房價重挫與股市崩盤,第一個反應往往是停止大額消費、減少負債與儲蓄防身。2008 年底,美國的汽車與家電銷售出現崩跌,住房市場交易量暴跌,民間消費支出從第三季開始大幅萎縮,直接拖累 GDP。

消費信心的崩潰會加劇實體經濟衰退。企業在需求急凍的情況下會減少招募與投資,進一步壓縮所得與就業,形成惡性循環。當家庭預期經濟惡化,便更不願支出,使得刺激政策難以發揮乘數效果。經濟學者稱之為「流動性陷阱」:就算利率再低,信心不足仍無法喚起支出動能。

第十一章　信用泡沫與雷曼：2008年次貸風暴全解構

全球供應鏈與外銷體系的連鎖反應

臺灣在2008年金融危機中雖非重災區，但由於出口導向與科技產業依賴美歐市場，實體經濟受到劇烈波及。半導體、電子零件、工具機與紡織業出口驟減，工廠接單萎縮，部分工業區甚至出現大量關廠現象。製造業與外銷業的波動，也間接影響服務業，餐飲、旅宿、物流都感受到連帶冷卻效應。

類似情形也出現在南韓與德國等高度外貿依賴型經濟體。當美國與歐洲的終端消費崩潰，整條供應鏈上游的生產國也無法倖免。貿易順差國家雖無金融崩潰風險，卻承受實體需求斷崖式下滑的痛苦。這提醒我們，金融傳染不只存在於資本市場，也潛伏在全球化的產業鏈之中。

財政支出與公共政策的壓力爆發

當民間經濟癱瘓，政府便被迫成為最後的買家與僱主。美國推動TARP與ARRA方案，臺灣則推出消費券與產業補助，日本實施多輪財政刺激（含公共投資與臨時性減稅）與高速公路收費減免等措施。這些政策雖有助於暫時支撐需求，但同時也造成公共財政壓力攀升、赤字擴大，國債規模迅速膨脹。

更大的風險來自於「政策預期依賴性」。企業與民眾逐漸將經濟穩定寄託於政府措施，使政策一旦退場，市場便出現動盪反應。這種狀況在歐債危機時期的希臘與義大利更為明顯，當政府無力持續支出時，整個經濟結構瞬間暴露出脆弱底層。

危機從金融到實體的真實路徑

2008 年金融危機讓世人見識到：華爾街的泡沫破滅，會透過信貸系統、資產價格、消費信心與供應鏈中斷，迅速席捲實體經濟。危機不是市場裡某些股票跌了多少，而是商店不開了、工廠倒了、工人沒薪水了。

理解金融如何傳導至實體，不僅有助於改善政策設計，更能讓我們在面對未來潛在風暴時，不再只盯著指數跳動，而是著眼於信心、流動與就業的真實穩定性。真正有韌性的經濟，必須建立在多元信貸管道、健康儲蓄結構與強健內需市場的基礎上。

第七節　雷曼之後的世界：政策工具的更新與局限

危機後的全球金融再設計

2008 年金融危機之後，全球政府與金融監理機構進入全面檢討模式。首當其衝的是對現有監理框架的修補。G20 迅速召開高峰會，推動國際合作強化系統性風險控管。美國通過《陶德－法蘭克法案》（*Dodd-Frank Act*），歐盟在危機後建立歐洲金融監理體系（ESFS），包含 ESMA、EBA 與 EIOPA；歐元區另於 2014 年啟動由歐洲央行主責的單一監督機制（SSM），以強化

第十一章　信用泡沫與雷曼：2008 年次貸風暴全解構

跨國銀行監理。這些行動目的在於避免下一個雷曼兄弟倒閉事件，但也衍生了新的兩難：如何在強化監理與促進市場效率之間取得平衡。

巴塞爾資本協定進入第三版（Basel III），要求銀行資本適足率更高、流動性標準更嚴。這雖提升了體系穩定性，但也導致中小銀行融資能力下降，影響地方經濟與創業資本的取得。監管加嚴使得大型銀行更壯大、風險集中度更高，反而未完全解決「大到不能倒」的結構性問題。

貨幣政策新工具的演化

為避免傳統利率工具再度失效，央行陸續開發出一系列新的政策工具。包括資產負債表操作（如 QE、扭轉操作）、前瞻指引（forward guidance）、以及負利率制度。這些工具的共通點在於跳脫傳統貨幣市場邏輯，改以「信心引導」、「行為誘導」方式，來塑造經濟參與者的預期行為。

然而，這些工具也有副作用。例如負利率政策在歐洲實施多年，卻未有效激勵民間投資，反而損害銀行獲利結構。QE 造成資產通膨與貧富差距擴大，前瞻指引過度精細，反倒讓市場過度解讀政策語意，形成反效果。這些案例顯示，貨幣政策不再是萬用武器，而是需要輔以財政、結構與產業政策共同發揮綜效。

第七節　雷曼之後的世界：政策工具的更新與局限

金融科技興起與監理挑戰

危機後十年間，金融科技（FinTech）迅速崛起。行動支付、區塊鏈、P2P借貸與加密資產等新興金融形式，大幅改變資金流通與風險分散的方式。雖然這些技術提高了效率與普惠性，但也產生「影子銀行」風險，使部分資金流脫離監管視野。

例如2022年FTX交易所的倒閉事件，突顯加密貨幣市場缺乏清晰監理與風險隔離機制。一旦市場信心動搖，這些脫鏈資產可能比傳統金融商品更快速暴雷。這也讓各國央行重新思考數位貨幣（CBDC）與平臺監管的制度設計，試圖在創新與穩定之間取得新平衡。

全球金融協作的困境與進展

雷曼風暴之後，國際貨幣基金（IMF）、世界銀行與G20扮演重要協調角色，協助危機國家穩定金融、推動結構改革。然而，國際金融治理也顯示出地緣政治與主權矛盾。新興市場國家批評IMF政策過度偏向西方體系，無法充分反映全球經濟重心東移的現實。

即便如此，各國對於跨境資金流動、避稅天堂與金融穩定機制仍有基本共識。透過透明化、資訊交換與共同報告標準（CRS）制度的推動，全球金融治理邁入數位透明新階段。但這些努力仍無法根治根本矛盾——當資本無國界、風險卻需主權

國家承擔時，全球金融穩定仍處於一種「合作有限、責任分散」的結構困境。

國內實踐與制度調整經驗

在全球趨勢牽動下，臺灣也積極參與金融穩定改革。金融監理機關除要求國內銀行遵循巴塞爾協定 III 架構，也設立本地「系統性重要銀行」(Domestic Systemically Important Banks, D-SIBs) 名單，並要求這些銀行提出恢復與處置計畫、進行情境壓力測試，強化風險管理能量。此外，臺灣證券交易所也逐步落實資訊揭露機制，如針對結構型金融商品設置強制揭露底層資產比例、存續期與信用風險等指標，讓投資人更清楚風險組合細節。

保險業方面，主管機關導入「資本適足率第二代制度」(RBC 2.0)，讓保險公司不再只追求帳面收益率，而必須考量市場風險、利率風險與匯率風險的綜合指標。這也回應過去部分壽險業者長期投資海外高風險債券所暴露出的匯損與信用損失問題，進而敦促業者改善資產負債配對策略與資本保全能力。

不過這些制度雖日漸完善，仍面臨結構挑戰。許多中小金融機構因人力與資源不足，導致風控與資料分析能力有限，無法及時應對快速變動的市場與監理要求。而科技創新方面，臺灣在金融科技實驗沙盒制度上已做出突破，但產業與監理之間仍需更多合作，避免監管落後於創新。

第七節　雷曼之後的世界：政策工具的更新與局限

制度進化不等於風險消失

雷曼之後的世界確實發生改變，監理機制更全面、貨幣政策更多樣、國際合作更頻繁。然而，風險並未真正消失，只是轉化為新的形式與節奏。制度更新固然重要，但若監理動機仍受利益團體左右、政策工具未能修補結構缺口，那麼下一場危機將再次證明：歷史雖不會重演，卻總會押韻。

唯有在制度設計上具備前瞻性、在資本治理上追求公平性、在監理哲學上兼顧穩定與創新，才有可能真正超越雷曼陰影，邁向更穩健的金融新秩序。

第十一章　信用泡沫與雷曼：2008年次貸風暴全解構

第十二章
危機治理進化史：
央行、IMF 與監理工具的進化

第十二章　危機治理進化史：央行、IMF 與監理工具的進化

第一節　從金本位到美元本位：全球貨幣秩序的變化

換個角度看：貨幣霸權的政治經濟邏輯

從金本位到美元本位，許多研究關注其經濟結構與政策機制，但若轉向「貨幣霸權的政治邏輯」觀察，會發現全球貨幣秩序的核心其實是一場治理話語權的爭奪戰。金本位雖強調客觀價值與價格穩定，但本質仍仰賴少數產金國的供給穩定與政治中立；美元體系則進一步將貨幣權與軍事、外交、文化等硬實力綁在一起，成為 21 世紀美國權力投射的重要工具。

美國之所以能讓美元成為全球通用的交易媒介，不僅仰賴其經濟規模與金融深度，更來自其在二戰後建立的政治與軍事秩序：北約、G7、聯合國、美國國債市場、IMF 投票權機制等，無一不與美元地位相關。這使得美元的穩定不僅是經濟問題，更是全球安全與國際法律體系的反映。因此，每一次全球危機，無論是 2008 年金融風暴或 2020 年疫情震盪，投資人依然選擇回流美元資產，強化了其地位。

區域貨幣替代實驗與制度內嵌問題

在挑戰美元主導地位方面，不少區域嘗試建立替代性貨幣框架，例如歐元區、亞洲貨幣籃子、甚至金磚國家的跨國支付

第一節　從金本位到美元本位：全球貨幣秩序的變化

平臺。然而，這些嘗試在技術層面多已可行，制度層面卻面臨「治理內嵌」困境。以歐元為例，其設計雖以共同貨幣穩定經濟波動，但缺乏統一財政政策支撐，在希臘債務危機中暴露出結構缺陷。亞洲則因國家間地緣競爭與歷史問題，至今難以建立統一儲備機制與應急穩定基金。

此外，任何全球貨幣體系的穩定，不僅需要流動性與信任，還需要有效的風險重分配機制。美元體系在本質上就是一種全球風險的「集中收納與再分配中心」：當風險來臨，全球資金回流美國；危機過後，美國再以債券與資本輸出將風險轉嫁出去。這種制度設計使得美元體系如同保險公司，卻少了儲備金與跨國問責制度，成為制度脆弱性的來源之一。

國際貨幣秩序與主權張力的交錯

貨幣體系之所以難以改革，根源在於主權國家的政治本質。IMF 雖多次推動特別提款權（SDR）作為超國家貨幣單位，但因配額制度與投票權配置偏向美國與歐洲，引發許多新興市場國家不滿。此外，人民幣雖納入 SDR 貨幣籃子，但中國資本帳尚未全面開放，仍難達到完全可兌換的自由貨幣標準。

這些例子反映出，國際貨幣秩序改革，往往受制於既有權力結構與地緣政治邏輯。即使技術上可行，治理上仍面臨「多邊共識難以形成」的現實。因此，當美元出現波動時，各國的對應

第十二章　危機治理進化史：央行、IMF與監理工具的進化

手段仍集中在「儲備多元化」與「雙邊協議加強」，而非全面性體系替代。

臺灣視角：小經濟體如何因應美元體系風險

以臺灣為例，作為一個高度外貿導向且本幣非國際儲備貨幣的小型開放經濟體，對美元體系的依賴尤為顯著。臺灣央行雖在貨幣政策上維持一定自主性，但匯率管理與外匯存底的配置深受美元政策波動影響。當美國實施升息或QE政策時，臺灣往往需面對資金大幅流入或流出帶來的熱錢衝擊與資產價格扭曲風險。

此外，臺灣外匯存底主要以美元計價資產為主，近年整體配置雖多元化，但美元仍占相當比重。這代表一旦美國貨幣政策出現方向性錯誤，或美元信用遭質疑，臺灣作為資金接收方與美元資產持有方，都將承受雙重壓力。這也說明，貨幣霸權的外溢風險對中小型經濟體而言，不是抽象理論，而是現實操作難題。

臺灣目前在這體系中採取「以柔克剛」策略，例如採行資本帳審慎管理、強化本地金融市場深度、鼓勵企業運用多元貨幣避險工具等，以降低對單一貨幣依賴。但這些措施仍受限於全球美元流動結構，一旦出現資本逆流或系統性危機，抗壓能力仍顯不足，突顯全球貨幣治理結構改革的迫切性。

貨幣秩序的治理才是核心問題

全球貨幣秩序的變化,不應僅以兌換機制、儲備比例與計價單位為視角,更應回到治理與主權的核心問題上。美元之所以穩固,不是因為它完美,而是因為沒有其他國家能提出同時兼顧流動性、信任與治理穩定性的替代方案。當今世界欠缺的,不是技術能力,而是制度共識與多邊平衡。

要突破現行貨幣秩序的局限,未來需要的不僅是新貨幣形式,而是新型治理邏輯的實踐:包含風險共享的儲備機制、跨主權問責平臺,以及去中心化信任基礎的建構。唯有如此,才能真正邁向不再依附單一強權的貨幣新秩序。

第二節　IMF 與世界銀行在危機中的角色與矛盾

建立初衷:穩定匯率與支援重建

國際貨幣基金組織(IMF)與世界銀行於 1944 年在布列敦森林會議中誕生,設計目的各異卻共同支撐戰後經濟秩序。IMF 的初衷是穩定全球匯率、協助會員國度過短期資金壓力;世界銀行則專注於戰後重建與長期基礎建設貸款。這兩大機構在冷戰初期的確協助了歐洲經濟重建與新興國家工業化,是戰後全

第十二章　危機治理進化史：央行、IMF與監理工具的進化

球化的制度支柱。

但隨著冷戰結束、資本市場自由化擴展，IMF與世界銀行的功能與角色逐漸複雜化，從純粹的金融支援機構，變成全球經濟治理的實質影響者。在亞洲金融危機與拉丁美洲債務危機中，IMF雖提供援助，但往往伴隨高強度的「結構調整方案」，包括削減公共支出、自由化資本帳與國有企業私有化，引發多國政治與社會反彈。

危機應對的道德風險與正當性爭議

IMF援助機制的設計邏輯，是透過貸款換取改革承諾。然因其為最後貸款人角色，當危機發生時往往提供緊急資金，實際上對危機爆發前的監督力有限。這使得部分國家在資本氾濫時未建立足夠儲備或防火牆，導致風險累積後需仰賴IMF接盤。

而IMF所推動的「配套改革」常引發爭議。在2001年阿根廷債務危機與1997年亞洲金融危機中，多國質疑IMF政策過度強調財政緊縮與市場自由化，反而使經濟衰退更加嚴重。這些案例引出兩大問題：一是IMF是否考量在地國情與民生痛點；二是其背後決策結構中，是否過度集中於少數已開發國家的偏好與利益。

世界銀行的發展困境與方向重構

世界銀行原名為國際復興開發銀行，其任務在戰後主要聚焦於基礎建設與經濟復興，但進入1990年代後轉向反貧窮、永

第二節　IMF 與世界銀行在危機中的角色與矛盾

續發展與治理倡議等議題。這種角色轉型雖擴大其援助範疇，卻也使其使命與執行架構變得模糊。外界批評其專案效率低、審查繁瑣、資金到位時間過長，無法因應快速變化的災後重建與緊急融資需求。

更重要的是，世界銀行長期以「貸款換改革」模式運作，使得援助對象國需迎合貸款條件，而非針對自身發展脈絡設計方案。例如在非洲地區，過度強調市場效率導致公共醫療與教育體系資金遭壓縮，反而削弱人力資本累積與社會穩定。

權力結構不對等與制度更新困境

IMF 與世界銀行兩大機構的投票權與領導層長期由美歐主導。IMF 總裁傳統上由歐洲人擔任，世界銀行行長則由美國人出任，反映其治理結構與資金出資比例綁定。儘管 G20 會後曾試圖提升中國、印度、巴西等新興市場在 IMF 中的表決權，但整體變化幅度有限。

這種權力結構不對等使得新興市場對其「制度中立性」產生懷疑，特別是在危機處理過程中，常質疑援助方案是否更符合資金提供國利益，而非被援國的發展需求。例如在歐債危機中，IMF 與歐盟機構共同對希臘、愛爾蘭與葡萄牙提供融資計畫，條件與語氣明顯溫和於對待亞洲與非洲國家，反映制度公平性不足。

第十二章　危機治理進化史：央行、IMF與監理工具的進化

改革與信任重建仍在路上

IMF與世界銀行在全球危機中扮演重要角色，提供關鍵資金與政策指引。然而，若要真正成為全球公共財提供者，其制度正當性與代表性需持續強化。未來改革方向應包括：增強透明度、重新分配表決權、調整援助設計邏輯、將氣候變遷與數位基礎建設納入援助重點，以及提升在地夥伴參與度。

制度的韌性不僅來自資金實力，更來自制度信任與公平性。只有當全球多數國家相信這些機構代表全體人類的利益，而非少數強權的經濟工具，IMF與世界銀行才能在下一場危機中扮演真正的穩定力量。

第三節　巴塞爾協定 I、II、III：為何還是不夠？

巴塞爾協定的緣起與發展脈絡

巴塞爾協定的制定由1974年德國赫斯塔特銀行（Bankhaus Herstatt）倒閉後成立的「巴塞爾銀行監理委員會」（BCBS）主導；該委員會由十國集團（G10）中央銀行總裁在國際清算銀行（BIS）架構下設立。其目標為建立跨國銀行監理標準，減少國際金融活動的系統性風險。1988年發表的巴塞爾協定 I（Basel I），是第一套具全球共識的銀行資本規範。

第三節　巴塞爾協定 I、II、III：為何還是不夠？

巴塞爾 I 的核心是「資本適足率 8% 原則」，即要求銀行自有資本不得低於風險性資產的 8%。該協定透過簡單分類的資產風險權數，強化銀行穩健經營。雖達成最低標準一致性，但未能反映交易複雜性與衍生性金融商品風險，對大型跨國銀行而言實為不足。

巴塞爾 II 的精緻化與資訊不對稱挑戰

2004 年推出的巴塞爾協定 II（Basel II），試圖解決 I 版過度簡化問題，核心概念是「三大支柱」：第一支柱為風險調整後的資本要求，區分為信用風險、市場風險與作業風險；第二支柱為監理審查程序，要求監理機構加強內控與壓力測試；第三支柱則為市場紀律，強化資訊揭露。

理論上，巴塞爾 II 提升了銀行風控能力，導入內部評等模型，使金融機構能更細緻計算資本需求。然而此舉也放大了模型假設偏誤與資訊不對稱風險。2008 年金融危機爆發即暴露此問題：許多資產雖在模型下具高度評等，實際風險卻遭嚴重低估，市場對資訊透明度與評級機構獨立性產生質疑。

巴塞爾 III 的修補與落地挑戰

金融危機後，BCBS 迅速推動巴塞爾協定 III（Basel III），聚焦於「品質更高的資本結構」、「引入槓桿比率（Leverage Ratio）」、「建立流動性覆蓋比率（LCR）」與「穩定資金比率（NSFR）」。此版本強調逆週期資本緩衝，要求銀行在景氣好時預存資本，以備

第十二章　危機治理進化史：央行、IMF 與監理工具的進化

景氣轉差時吸收損失。

巴塞爾 III 的架構較前兩版更為完整，也更貼近風險管理實務。但在落實上，發展中國家面臨重大困難：一方面金融機構缺乏複雜模型建構能力，另一方面高度依賴利差與高風險投資維生。過嚴的資本與流動性標準，反而可能排擠對中小企業與創新產業的資金配置，引發「合規而不穩定」的矛盾。

為何仍不夠：系統性風險的多層擴散

儘管三版巴塞爾協定已逐步提升監理品質，但仍未能解決核心問題：系統性風險是跨機構、跨市場、跨國家同步傳染的結果。現行協定仍以單一銀行為監理主體，缺乏「宏觀審慎監理」視角，難以處理如同 CDO、SPV、影子銀行等非銀行領域的風險擴散。

再者，國際間協定落地標準不一，部分國家採用簡化版，另部分國家因政經壓力延後落實，使得巴塞爾協定淪為「最低標準的遊戲」，失去一致性與即時性。此外，資本監理重帳面數值與模型運算，卻缺乏對組織文化、道德風險與公司治理等「軟性風險」的掌握，這些才是真正導致金融災難無法預測的根源。

從監理框架到風險文化的重建

巴塞爾協定提供了全球最低監理標準，但要建立真正有韌性的金融體系，仍需跨越制度框架的局限。未來改革方向應更

強調「監理整合」：不只監理銀行資本，還要涵蓋非金融中介、資產管理、保險與科技金融平臺，建立全系統視角。

此外，更需從風險文化著手：培養銀行業對長期風險的敏感度、強化董事會與風險長（CRO）的決策權限，提升員工對風控的認同感與制度性價值理解。監理制度若無信任基礎與文化配合，即使框架再完備，仍難以真正防範下一場危機的到來。

第四節　宏觀審慎監管與逆週期機制

從微觀監理走向系統穩定視角

傳統金融監理聚焦於個別機構的健全性，強調資本適足、資產品質與內部控制。然而，2008年金融危機突顯出單一機構健全並不代表整體金融體系穩定。當多家機構同時採取相似避險策略、共同曝險於特定資產類別，金融市場即進入「順週期風險強化」狀態。這促使監理者轉向「宏觀審慎監管」（Macroprudential Regulation）框架，聚焦於系統風險（Systemic Risk）辨識與抑制。

宏觀審慎監理的核心，在於觀察整體金融體系的槓桿程度、資產泡沫狀況、信貸集中風險與金融間連結程度。其監理對象不限於銀行，亦涵蓋非銀行金融機構、資本市場與金融科技平臺，並透過跨業資料彙整與行為預測模型，建構系統性風險指標與預警信號。

第十二章　危機治理進化史：央行、IMF與監理工具的進化

逆週期資本機制的設計邏輯

逆週期機制的目的是打破「景氣擴張、信貸泛濫；景氣下行、信貸斷裂」的循環。最典型的是「逆週期資本緩衝」(Countercyclical Capital Buffer)，即要求銀行在經濟景氣上升期提列額外資本，以在衰退時期釋出吸收虧損。此政策兼具預防與穩定功能，是宏觀審慎政策的重要工具。

但此一機制也有挑戰。第一，如何精準辨識景氣循環與信貸過熱點難度極高；第二，政治與業界壓力常使監理機關不敢在景氣佳時強制儲備資本，導致政策延遲。此外，逆週期機制若無透明演算法與可預測邏輯，也可能反而引發市場不安。

機構設計與跨國協作的重要性

推動宏觀審慎監管，不僅是技術問題，更是制度設計挑戰。許多國家的央行與金融監理單位仍以機構別分工，如銀行監理由金管會負責、貨幣政策由央行掌控，兩者缺乏資訊共享與協同運作。而宏觀審慎監理則需要一個具備跨部門權限與資料彙整能量的機構平臺，類似英國的金融政策委員會(FPC)或歐洲系統風險委員會(ESRB)。

在跨國層面，金融市場全球化程度高，使得一國風險容易跨境傳導。G20與金融穩定委員會(FSB)雖試圖推動全球監理標準整合，但各國經濟結構、政治偏好與金融自由度差異大，

第四節　宏觀審慎監管與逆週期機制

導致宏觀審慎政策難以協調一致。區域性合作，如東協與 APEC 金融論壇，則提供中型經濟體制度實驗與資訊交流的重要平臺。

臺灣的制度實踐與挑戰

臺灣自 2011 年起逐步建構宏觀審慎監理架構，中央銀行增設「金融穩定科」，金管會亦在銀行局內部設置跨業風險觀測小組，定期彙整信用擴張、不動產貸款比率與資產價格波動等資料。央行也實施多輪選擇性信用管制，如提高第二戶購屋貸款成數門檻、限制高價住宅貸款等，以控制金融對不動產市場的風險曝險。

不過，臺灣在資訊整合與預警模型建構方面仍有進展空間。例如對壽險資金對外投資的連動風險、金融科技業者潛藏槓桿與流動性風險等，仍待更全面的數據收集與演算法設計。此外，宏觀審慎監理與金融發展政策常陷入目標衝突，例如抑制不動產信貸可能影響建築業與內需，就需在穩定與成長間取得微妙平衡。

制度進化須搭配預期管理

宏觀審慎監理與逆週期機制，標誌著金融監理邏輯由「單點防禦」轉為「系統韌性」，是一項重大進展。然而，制度本身無法自動運作，需仰賴跨機構協作能力、政策可信度與市場預期管理能力。若市場預期政府將永遠救市，逆週期機制將失去警示與

第十二章　危機治理進化史：央行、IMF 與監理工具的進化

調節功能，反而淪為另類保證書。

真正有效的宏觀審慎監理，應該結合政策工具、資料治理與風險文化的同步更新。只有當整體金融體系具備察覺泡沫、提早反應與承擔短期陣痛的能力時，制度才能真正發揮穩定長期經濟循環的功能。

第五節　大數據風險預測與 AI 金融模型

從歷史數據到即時風險預測的轉變

過去的金融風險管理高度依賴會計報表、季度報告與人工作業的信貸評等制度。這種模式在資訊頻率低、交易速度慢的時代尚可應付，但在現代金融系統中，資金流動幾乎為即時狀態，系統風險亦在秒級單位中放大。於是，「即時風險預測」成為新金融監理的核心任務。

大數據技術提供了前所未有的資料來源與處理能力。從交易紀錄、社交媒體情緒、企業即時營收到跨市場波動關聯性，監理單位與金融機構能透過非結構化資料分析更快速洞察風險動態。這也代表監理科技（RegTech）與風險科技（RiskTech）從輔助地位走向決策核心，逐漸取代過去單一模型主導的判斷依據。

第五節　大數據風險預測與 AI 金融模型

AI 模型的多樣應用與演化潛力

人工智慧模型，特別是機器學習與深度學習技術，已被廣泛應用於信貸風控、洗錢偵測、詐騙預警、交易風險管理等多個場景。例如：一家銀行可以運用分類演算法來評估借款人違約機率，或透過強化學習模型即時調整貸款利率以反映市場變化。

更進一步的應用在於預測系統性風險。例如透過神經網路追蹤不同金融機構間資本流動模式，預測可能出現的流動性危機；或利用異常偵測演算法即時辨識市場上出現與歷史趨勢明顯背離的資產走勢。這些技術不僅提升預警效率，也能補足傳統模型難以反應非線性、突發性事件的缺陷。

模型風險與監理透明化的落差

然而，AI 模型並非萬靈丹。最大的風險在於「黑箱問題」與模型過度擬合（overfitting）。當模型輸出結果難以解釋，監理機關便難以評估其背後邏輯是否合理。尤其在金融監理領域，政策執行需具可解釋性與可問責性，若模型決策過程無法追溯，將削弱監理合法性。

此外，AI 模型需仰賴大量標準化數據與高品質訓練樣本，許多新興市場國家尚未具備足夠資料庫建設能力，也缺乏跨機構資料整合的法規與平臺。這導致 AI 風險預測應用集中於少數大型機構與已開發市場，擴大全球金融治理資源的不平等。

第十二章　危機治理進化史：央行、IMF 與監理工具的進化

臺灣在數據治理與模型部署的探索

臺灣近年在 AI 應用與資料治理方面展開多項探索。金融監理機構推動「監理科技白皮書」，鼓勵銀行採用 AI 模型進行洗錢防制與詐欺偵測，同時設立沙盒實驗機制允許業者測試創新風控方案。中央銀行與金管會也開始建置跨機構資料交換平臺，如信用資料庫（JCIC）資料即將納入更多行為性資訊欄位，以提升風險預測力道。

然而，挑戰亦不容小覷。多數中小金融機構在資料整理、人力培訓與系統部署能力上明顯落後，形成 AI 應用的「規模落差」。此外，個資保護與資料匿名化標準尚待整合，使跨機構與跨境資料應用進展緩慢。若無一套完善的制度性平臺與可信賴共享機制，再強的模型也難以發揮實效。

科技的預測力，仍需制度承接

大數據與 AI 金融模型為風險預測帶來前所未有的精準度與效率，但若無配套監理架構與制度信任基礎，科技只會加速錯誤擴散，而非減少風險發生。真正有效的預測模型，應結合技術、制度與文化三大面向：演算法提供洞察，制度確保透明與可解釋性，文化則培養使用者的審慎判斷力。

在面對下一場潛在危機時，先進科技若能與預警制度整合，並引導市場形成健康風險觀念，才能真正實現從「被動防範」到「主動預測」的治理進化。

第六節　系統性風險預測：可以，但不容易

系統性風險的特性與辨識困境

系統性風險不同於個別機構的信用或操作風險，它是一種跨市場、跨機構、跨國界的連鎖反應。一旦觸發，往往會在極短時間內蔓延至整個金融體系，從流動性緊縮、信心崩潰到資產價格崩跌，形成全面性崩潰。這類風險難以預測的根源，在於其隱含高度的非線性、路徑依賴與心理反應，導致傳統量化模型難以捕捉真正的「連鎖震央」。

許多系統性風險的徵兆在事後才被認知為警訊。例如 2008 年雷曼危機前，雖然市場已有信貸違約交換（CDS）價格異常飆升、銀行間拆借利率上升等警訊，但監理機關與市場參與者普遍低估其系統性含義。這說明：辨識系統性風險，並非資訊缺乏，而是判讀與詮釋的失靈。

大數據時代的新預測工具

進入資料驅動時代，監理機構與研究者開始嘗試以非傳統資料（如社交媒體、新聞情緒、Google 搜尋指數等）來建立系統性風險指標。這些方法試圖捕捉市場集體情緒的轉折點，例如資產價格崩跌前的「恐慌爆點」或銀行擠兌前的「搜尋異常量」。

此外，網絡分析（Network Analysis）也逐漸被納入風險監

第十二章　危機治理進化史：央行、IMF與監理工具的進化

測架構中。透過繪製機構間的資金流動、擔保鏈與持股關聯圖譜，監理機關得以建立潛在「感染路徑」。這些資料若搭配強化學習模型或貝葉斯動態網路（Bayesian Dynamic Networks），可用於模擬連鎖違約與市場崩盤機率，提供更具結構性的系統風險預測能力。

可預測 ≠ 可控制：機制設計的瓶頸

即使科技進步能預測潛在系統性風險，但能否有效干預仍是一大挑戰。首先，干預時機判斷困難。提前介入可能被市場解讀為恐慌信號，反而加速崩盤；延遲介入則會錯過控制窗口。其次，干預工具有限。例如央行能調控利率與提供流動性，但無法約束非監理對象如影子銀行或跨境資產。

更深層的問題在於激勵相容性。市場參與者若認為政府終將出手救市，反而會在高風險時段採取過度槓桿操作，加重系統風險。這種「道德風險－預警失靈」的交錯循環，使得預測能力若無制度性承接機制，只是資訊豐富卻無法行動的陷阱。

臺灣的制度探索與潛在強化方向

臺灣目前以中央銀行與金管會為主體，建置包括「金融穩定報告」、「重大風險通報機制」、「跨機構壓力測試」等制度，作為系統風險監測工具。近年也嘗試引入 AI 模型分析不動產貸款

第六節　系統性風險預測：可以，但不容易

集中度、金融市場資產交叉持有等資料，建構本地版本的金融穩定指標（FSI）。

不過，相較於美歐日等成熟市場，臺灣仍缺乏一個整合跨部會、跨市場的系統性風險預測中心。目前壓力測試尚停留在靜態場景模擬，尚未導入動態網路與行為經濟預測模組。金融科技公司雖具備技術能量，卻少有與公部門的資料共享機制。未來可借鏡新加坡金管局（MAS）建立的監理科技與資料分析平臺（如 SupTech 資料湖與跨市場監測架構），打造一個融合數據治理、情境模擬與政策回饋的動態平臺。

風險預測的極限與必要

系統性風險預測並非為了精準預言未來，而是為了在不可預測中建立「預防的敏感性」與「行動的準備性」。真正成功的預測不是指出某年某月將崩盤，而是讓政策與市場行為在潛在風險出現時即開始調整。

在這個高度互聯、快速傳染的金融生態中，系統性風險預測不能只靠技術模型，更需要制度設計、跨界合作與風險文化的共同進化。可以預測，真的不容易；但即使困難，仍是避免災難的唯一可能。

第十二章　危機治理進化史：央行、IMF 與監理工具的進化

第七節　危機管理邏輯的未來演化

危機應對不再只是救火

過去的金融危機管理多半採取「事件驅動」的反應模式——當市場崩盤、資產暴跌或流動性乾涸時，監理機構與央行才介入搶救。這種「事後處理」的管理邏輯，如同消防員等待火災發生後撲救，雖然必要，但代價昂貴且後遺症深遠。進入 21 世紀以來，特別是在 2008 年雷曼事件、2011 年歐債危機及 2020 年新冠疫情後，危機管理邏輯逐步邁向「預防性治理」與「系統彈性設計」的方向。

未來的危機管理重點，將不再僅限於是否介入市場、何時啟動 QE，而是從制度設計上建立可持續吸收衝擊的系統。這包括資本與流動性緩衝的常態化、逆週期調節工具的自動化，以及市場參與者風險意識的制度性誘導。也就是說，危機治理將從「對抗風暴」轉變為「打造抗風結構」。

危機治理的新三角：資料、制度與行為

新一代危機治理架構須同時整合三個維度：第一是即時資料與監測技術的整備，第二是具備彈性與透明原則的制度設計，第三是影響市場與政策決策的行為模式再建構。這種「資料－制度－行為」三角模式，代表未來風險治理不再只是由上而下的命

第七節　危機管理邏輯的未來演化

令體系,而是仰賴全體市場參與者共同維持的「風險共管」結構。

　　以行為經濟學角度而言,危機往往不是因為資訊缺乏,而是市場預期自我強化與過度槓桿循環失控。若政策設計能導入預期管理機制,例如明確的市場指引(forward guidance)、彈性防線觸發點設計與壓力測試結果揭露等,就能有效引導市場行為提前反應,降低恐慌性連鎖效應。

地緣政治與全球治理碎片化風險

　　危機治理的難度,也日益受到地緣政治張力與國際合作機制退化的影響。當多邊合作受到美中對抗、貿易壁壘與金融制裁等干擾,全球性的風險監測與干預機制難以快速形成共識。從 IMF 資源使用限制、G20 協調能力下降,到 SWIFT 系統政治化的潛在風險,都說明全球金融治理面臨前所未有的碎片化挑戰。

　　因此,未來危機治理除了強化跨國資金追蹤、資訊揭露與清算結構外,也需建立更多「模組化」與「雙邊備援」制度。像是央行貨幣互換協議、區域金融安全網(如清邁倡議)、跨境應急清算平臺等,都將成為建立全球風險韌性的重要基礎。

臺灣角色與小型經濟體的適應策略

　　在這場全球治理重組下,臺灣作為小型開放經濟體,必須更積極調整其危機應對架構。除了強化央行與金管會資料連結與預警能量外,更應建立常設型「金融系統風險委員會」,統籌

第十二章　危機治理進化史：央行、IMF 與監理工具的進化

處理重大事件模擬演練、系統壓力監控與決策整合。尤其在面對國際資本快速流動與地緣政治金融工具化趨勢下，需同時備有政策溝通與外交協調雙重能力。

此外，臺灣可藉由區域金融平臺，如與新加坡、南韓建立資訊共享協議，共同研擬區域性流動性應急機制，在全球體系運作失效時提供必要的自助工具。金融機構則應在企業治理層面建立危機預備小組、強化資料備援與資金調度模擬，確保在極端事件中仍具備一定營運彈性。

■ 危機治理是一場長期的文化建設

未來的危機治理，不應只是技術升級與制度改革，更是一場風險文化的全面重建。市場參與者、政府機構、學術界與媒體都必須參與其中，共同建構對風險的理解框架與應對共識。

唯有當全體金融生態中的行為模式發生改變，從短期績效轉向長期穩定，從單邊投資決策轉向風險共管思維，危機治理邏輯才能真正從過去的「反應型」進化為「預警型」、「學習型」與「協作型」。

未來，危機或許仍會發生，但不再是未知的黑天鵝，而是可以及早感知、合理因應的「透明風險」。這，才是真正進化後的治理目標。

第七節　危機管理邏輯的未來演化

國家圖書館出版品預行編目資料

全球金融危機簡史：十場災難、七種模型，一次看懂金融如何崩壞 / 韋維 著 . -- 第一版 . -- 臺北市：財經錢線文化事業有限公司, 2025.09
面； 公分
POD 版
ISBN 978-626-408-370-6(平裝)
1.CST: 金融史 2.CST: 金融危機 3.CST: 世界史
561.09　　　　　　114012299

全球金融危機簡史：十場災難、七種模型，一次看懂金融如何崩壞

臉書

作　　者：韋維
發 行 人：黃振庭
出 版 者：財經錢線文化事業有限公司
發 行 者：崧燁文化事業有限公司
E - m a i l：sonbookservice@gmail.com
粉 絲 頁：https://www.facebook.com/sonbookss/
網　　址：https://sonbook.net/
地　　址：台北市中正區重慶南路一段 61 號 8 樓
8F., No.61, Sec. 1, Chongqing S. Rd., Zhongzheng Dist., Taipei City 100, Taiwan
電　　話：(02) 2370-3310　　傳　　真：(02) 2388-1990
印　　刷：京峯數位服務有限公司
律師顧問：廣華律師事務所 張珮琦律師

-版權聲明-

本書作者使用 AI 協作，若有其他相關權利及授權需求請與本公司聯繫。
未經書面許可，不可複製、發行。

定　　價：375 元
發行日期：2025 年 09 月第一版
◎本書以 POD 印製